信息化背景下会计领域的发展研究

陈继红　武莹莹　田　洁　著

中国原子能出版社

图书在版编目（CIP）数据

信息化背景下会计领域的发展研究／陈继红，武莹
莹，田洁著. — 北京：中国原子能出版社，2022.12

ISBN 978-7-5221-2518-3

Ⅰ．①信… Ⅱ．①陈… ②武… ③田… Ⅲ．①管理会
计-信息化-研究 Ⅳ．①F234.3

中国版本图书馆 CIP 数据核字（2022）第 242449 号

信息化背景下会计领域的发展研究

出版发行：中国原子能出版社（北京市海淀区阜成路 43 号 100048）

责任编辑：刘　佳

责任印制：赵　明

印　　刷：北京厚诚则铭印刷科技有限公司

经　　销：全国新华书店

开　　本：787mm×1092mm　1/16

字　　数：245 千字

印　　张：12

版　　次：2022 年 12 月第 1 版　2024 年 4 月第 2 次印刷

书　　号：ISBN 978-7-5221-2518-3

定　　价：78.00 元

PREFACE

前　言

信息时代的到来，极大的加快了我国社会建设发展的进程，而在信息技术的帮助下，也极大的提升了机构的运营效率。会计工作是机构管理的重要内容之一，随着信息技术在机构中的应用程度不断加深，也使得机构的会计工作模式发生了很大的变化，但是从当前的情况来看，很多机构在会计工作中仍然无法适应信息时代的变化，致使机构会计工作中仍然面临较大的挑战，会计管理成效得到不明显提升。基于此，本书则针对信息化时代下会计的发展前景及注意的问题展开讨论。

随着信息技术的应用，使得很多机构的会计管理模式发生了明显的变化，而且主要表现为会计管理内容以及会计管理方法的变化，如果能够对信息技术进行科学利用，则能够在新的管理模式下极大的提升机构的会计管理工作效率，而且部分机构也因此对会计管理内容及方法进行相应的调整，但是很多机构的会计管理思维仍然没有转变，仍然对传统的会计管理模式表现出较强的依赖性，导致信息技术在机构会计管理中的实际作用得不到发挥。

信息时代时代的主要特点则是数据信息的急剧增长，为了更好的适应信息时代的发展变化，要求机构必须建立起相应的会计管理信息系统，但是很多机构在会计管理信息化系统建设方面存在明显的不足，导致机构无法利用信息化管理系统完成大量会计信息的高效处理，信息时代机构会计管理成效仍然无法突显。

为了提升本书的学术性与严谨性，在撰写过程中，笔者参阅了大量的文献资料，引用了诸多专家学者的研究成果，因篇幅有限，不能一一列举，在此一并表示最诚挚的感谢。由于时间仓促，加之笔者水平有限，在撰写过程中难免出现不足的地方，希望各位读者不吝赐教，提出宝贵的意见，以便笔者在今后的学习中加以改进。

CONTENTS

目 录

第一章 会计学

第一节 会计学若干理论问题

任何一门科学的建立，都有其独特的理论体系，不然就不能称其为科学。会计学亦是如此。其通过对各种财务活动、财务报表等的收集、整理、分类与分析，为相关单位的经济发展战略的制定提供了较为详细的参考数据，这些都基于它本身较为系统的理论体系。不过也应看到，会计学在开始建立时，其自身的理论体系并没有十分严密和完整，它是在之后的生产发展中日趋完整起来的。下文仅就会计学的几个基本理论问题作以探讨。

随着社会经济的发展，对会计学方面理论知识的需求的加大，构建一个严谨且完善的会计学理论体系已经成为该学科研究中的重要工作，因而需要相关工作人员加强对会计学的相关理论的综合探究，从而总结出较为合理的研究结果，进而为整个会计学理论体系的构建贡献才智。

一、概念问题

每门科学都应有自己特定的概念，以区分与其他科学的不同。但会计的概念却是备受争议，说法不一。参考某些比较经典的出版著作和教材中对会计所下的定义，我们可以将会计的概念分为以下几类：① "工具类"。单位发展过程中运用会计学相关知识与核算方法对其相关的经济活动进行全面系统的记录和计算，而最终通过相应的财务报表将单位一段时间的经营状况进行汇总与分析，为单位在不同方面的具体管理提供参考依据。② "方法类"。单位经济发展多以货币交易为主，通过对账簿进行计算等方式进行具体的经济活动。③ "综合类"。这种概念的支持者认为会计学既是单位经济管理的工具，又是单位进行核算的方法，是两者的兼并与融合。④ "管理类"。这类说法始于上世纪八十年代，一些会计学术论述中认为会计 "属于管理范畴，是人的一种管理活动"。

当然，除了以上四种比较主流的解释之外，还有许多关于会计的概念，在此便不再一一列举。笔者认为，我们对会计所作的定义不能一概而论，要区分其产生和发展的不同历史时期。会计是随着管理的需要而产生的，也是随着生产的发展而发展的。纵观整个会计发展史，就会发现会计学的发展史其实就是其自身从雏塑到精细，从粗浅到完善的 "蜕变史"。而会计的概念也是在这些"蜕变"过程中不断发生变化的。据文字记载，早在我国的周朝时期，国家机器就已经专设了管理全国钱粮会计的官吏，产生了所谓"大宰""司会"等称谓。《十三经注疏一周礼天官篇注疏》也明确指出："司会主天下之大计，计官之长，以参互考日成，以月要考月成，以岁会考岁成之事"。这时，"会计"的意思就只是计算。后来，随着生产的发展，会计的含义也发生了很大的变化，它不仅对经济现象进行计算，而且还对经济活动进行监督、控制、预测和决策。在当今社会主义社会中的会计就是以货币作为主要计量单位，然后对社会再生产过程中的资金运动进行连续、系统、完整、综合地反映、监督、控制、预测和决策的经济管理的一门科学。

二、对象问题

会计学的研究对象是引导当今研究人员确定正确研究方向的基本保障，但业界学者对这个问题却是是众说纷纭，各执一词。尽管说法不一，但总结起来也不过分为以下几类：① "运动论者"，持有这种观点的学者强调，会计主要是针对社会经济发展中的资金的流动问题进行研究，因而其主要研究对象是社会再生产过程中的资金运动问题。② "经济活动论"，主要兴盛于上世纪五、六十年代。持有这种观点的学者认为，会计以货币为表现形式参与到社会不同性质单位生产发展中，且其为各单位的生产经营活动提供了强大的资金支持，因而其主要研究对象是是行政单位在社会主义再生产过程中能够用货币表现的经济活动；③ "信息论"，持有这种观点的研究人员认为，会计以账簿为表现形式详细的记录着单位的每一笔经济活动和财务收支情况，这些财物收支报表为单位一段时间内的经济决策等提供了有力的信息，因而会计学研究的对象就是社会主义再生产过程中的信息。

笔者认为，在不同历史时期和不同社会性质中，会计的对象也是不同的。在研究会计学的研究对象时，我们应从发展、变化的观点来确定会计的对象，绝不能概而统之。在原始社会时期，人们以狩猎采摘维持生存，并不存在商品贸易，所以也没有货币的概念，在这个时期，会计处于萌芽阶段，只有通过"结绳记事"来反映人们的劳动获取和劳动消耗。这一时期，会计核算的对象只能是使用价值，绝不能说是资金运动或是其他。到了奴隶社会以后，出现了商品贸易和早期货币，这一时期，会计的核算对象由最初的使用价值变成了价值运动。至于在当今的社会主义和资本主义社会中，由于社会性质的不同，会计的对象也不尽相同。在资本主义社会中，资本家私人占有生产资料，其生产目的是榨取人民劳动，从而获取剩余价值。在这样的生产关系下，资本家为了让剩余价值得到最大化，于是使投入生产经营后的资本发生无限的资本运动。所以，在资本主义社会，会计的研究对象就是资本运动。相反的，在社会主义社会中，生产资料实现了公有制，生产目的是最大限度地满足人民日益增长的物资文化生活的需求，这时投入到生产中的价值，就不再是资本，而是资金。因此，社会主义会计的对象就是资金运动。

三、属性问题

与会计的概念一样，一直以来会计属性问题也是我国会计学研究者重点探究的问题之一。虽然种学者对此问题争论不休，但综合起来也不外乎这样三种观点：①"社会科学属性"。因为会计学是研究社会再生产过程中人与人之间的相互关系的，而人，作为经济活动的主体，似乎并不能被归属为自然属性的范畴中。因而被一部分学者归为社会科学这一属性中。这叫"生产关系论者"；②"自然属性"。既认为会计是纯技术性的一门自然科学，不具有任何社会属性，这叫做"生产力论者"，与第一种观点针锋相对，③"双重属性"。既折衷的认为会计是一门既属于社会科学，又属于自然科学，具有"双重属性"的科学，持这些观点的学者又被称为"二重性论者"。

笔者认为，会计的属性从某种程度上讲是由会计的概念所决定的，在不同历史时期，会计有着不同的属性。早期的会计只是"生产职能的附属部分"，因此这个时期的会计只能属于自然科学。但是随着生产的发展，会计"从生产职能中分离出来，成为特殊的、专门委托的当事人的独立的职能"（马克思《资本论》）。这一时期，会计就成为了一门以自然科学为主，同时又带有社会科学性质的经济管理科学。

总之，会计是与社会经济密切相关的一门科学，只有弄清了会计的概念、对象、职能、属性等若干基本理论问题，加大了对整个会计学的研究力度，才能为我国会计学理论体系的完善和构建提供帮助。

第二节 环境会计基本理论

环境会计是会计领域一门新型的交叉学科，关于环境会计的概念、假设、计量、报告及记录等是研究的核心问题。通过对其相关内容的梳理，提出具有实践性的观点、程序、方法，希望能对今后的研究、实际操作提供理论上的支撑。

一、环境会计

英国《会计学月刊》1971年刊登了比蒙斯撰写的《控制污染的社会成本转换研究》，1973年刊登了马林的《污染的会计问题》，自此揭开了环境会计研究的序幕。1990年 Rob Gray 的报告《会计工作的绿化》，是有关环境会计研究的一个里程碑，它标志着环境会计研究已成为全球学术界关注的中心议题。

环境会计是以环境资产、环境费用、环境效益等会计要素为核算内容的一门专业会计。环境会计核算的会计要素，采用货币作为主要的计量单位，采用公允价值计量属性，辅之以其他计量单位及属性完成会计核算工作。但环境会计货币计量单位的货币含义不完全是建立在劳动价值理论基础上的。按照劳动价值理论，只有交换的商品，其价值才能以社会必要劳动时间来衡量，对于非交换、非人类劳动的物品，是不计量的，会计不需对其进行核算。然而这些非交换、非人类劳动的物品有相当部分是环境会计的核算内容，因此，环境会计必须建立能够计量非交换、非劳动物品的价值理论。

二、环境会计假设

（一）资源、能源的价值

资源是有限的，越开采就会越少。生态资源的有限性决定了人类不能无限制地开采，对已被过度耗费的存量资源要进行不断的补偿。生态资源的有限性还决定了要用一定的方法对生态资源的存量、流量进行测算、计量、评估、对比等。

（二）国家主体

生态环境资源应当看成是整个社会的权益，这是由生态资源的特点所决定的。任何生态资源都既对当地产生影响又对全局产生影响。由于生态资源地理属性和发挥其作用的迁移性，使其对生态资源开采的影响、生态成本的补偿、生态收益的确认都大大超过了地理属性的范围，从而使环境会计的空间范围大大扩展，并呈现出宏观会计的显著特点。

（三）资源循环利用

按照生态规律利用自然资源和环境容量，倡导在物质不断循环利用，实现经济的可持续发展。运用生态学规律，将人类经济活动从传统工业社会以"资源→产品→废弃物"的物质单向流动的线性经济，转变为"资源→产品→再生资源"的反馈式经济增长模式，通过物质循环流动，使资源得到充分的利用，把经济活动对自然环境的影响降到尽可能低的程度。

（四）价值等多种计量

传统会计要素都以货币进行计量。环境会计却不能被限制只用货币作为计量单位来反映生态资源状况；用货币计量反而不能说明问题。但在财政转移支付量上、对生态建设的项目投资上，却又不能不用货币计量。困难的是如何把这两种计量统一在环境会计的核算体系里，如何使两者在需要的时候进行转换。

三、环境会计的确认与计量

环境会计要素的确认和计量是环境会计研究的难点。环境会计的计量可以建立在边际理论与劳动价值理论相结合的基础上，对于包含劳动结晶的环境要素，按劳动价值理论建立的计量方法、计量法则，按边际价值理论建立的计量方法计量。围绕环境会计中的确认问题，分析环境会计要素确认的特殊性，重点研究单位环境会计中的资产、负债、成本等会计要素的确认问题。

（一）环境负债的确认与计量

单位环境负债是指由于过去或现在的经营活动对环境造成的不良影响而承担的需要在未来以资产或劳务偿还的义务。它是单位承担的各种负债之一，具有单位一般负债的基本特征，同时也有自己的特殊表现。按照对环境负债的把握程度，可以把环境负债分为确定性环境负债和不确定性环境负债。

1. 确定性环境负债的确认与计量

确定性环境负债是指单位生产经营活动的环境影响引发的、经有关机构作出裁决而应由单位承担的环境负债。主要包括：排污费、环境罚款、环境赔偿和环境修复责任引发的环境负债。

环境责任导致环境负债的确认和计量是很简单的，如排污费、环境罚款和环境赔偿，通常是由环境执法部门或司法程序确定。这些环境负债的计量也很简单，可直接根据环境执法机构的罚款金额或法院裁定的金额进行计量即可；相反，有些责任的认定和负债的计量是复杂的和不确定的，如环境修复责任的认定及其导致的环境负债的计量。对于法律、法规强制要求性的环境修复责任，单位可以按照相关规定的提取比例和提取标准进行计量。对于单位自律性环境修复责任，可以根据单位决策机构或专业咨询机构的测定，考虑单位自身的承受能力，均衡单位社会责任、社会环保形象、环保目标等诸多因素综合确定提取的标准和提取比例。在单位持续经营过程中，提取的比率和金额也可能是不断变化的。引发这种变化可能是多种原因，如单位承受能力的增强和单位形象的更慎重考虑，单位可能提高提取比例；还有对环境修复费用的重新测定或评估，导致对环境修复责任的判断发生变化；单位环保目标的修正等。

2. 非确定性环境负债的确认与计量

也称为或有环境负债，是指由于单位过去生产经营行为引起的具有不确定性的环境责任。在过去的单位会计业务中，人们很少关心单位环境责任引发的潜在环境责任承担问题，只有在切实遭受环境处罚和赔偿时，再作为一项营业外支出项目处理，这种处理方式缺乏稳健性，所提供的信息也是不完善的。单位环境会计应当借鉴或有负债的理论与实践来处理环境影响责任问题。如果环境责任发生，且其导致的损失金额可以合理地予以估计，计提或有损失。

（二）环境资产的确认与计量

1. 环境资产界定

目前在资源环境经济理论界与会计学界的看法并不一致形成了下述三种主要的看法。

（1）从环境会计的定义或其研究对象出发所推论的环境资产。对环境资产的认识，有的学者是在环境会计的定义或其研究对象中予以界定的。由于学者们对环境会计的定义或其研究对象认识不同而导致了其所界定的环境资产也不同。如英国邓迪大学格雷认为，环境会计中的环境资产是人造环境资产和自然环境资产。孙兴华等认为，环境会计的对象是全部自然资源环境。王冬莲、等人认为，在环境会计中把自然资源和生态环境确认为资产，实行自然资源和生态环境的有偿耗用制度。可见，其所指的环境资产包括自然资源资产和生态环境资产。

（2）从宏观角度直接定义的环境资产。从宏观角度直接定义环境资产的权威当属1993年联合国环境经济一体化核算体系和联合国国民经济核算体系中给环境资产所下的定义，不过二者对环境资产的定义还是存在差别的。

联合国国民经济核算体系认为，只有那些所有权已经被确立并且已经有效地得到实施的自然产生的资产才有资格作为环境资产。为了符合环境资产的一般定义，自然资产不仅必须要被所有人拥有，而且如果给定技术、科学知识、经济基础、可利用资源以及与核算日期有关的或在不久的将来可预料到的一套通行的相对价格，它还能够为它们的所有者带来经济利益。不满足上述标准的被划在联合国国民经济核算体系的环境资产范围之外，特别是所有权不能被确立的环境资源，包括空气、主要水域和生态系统等，因为这些环境要素非常巨大、无法控制，以至于不能对其实施有效的所有权。

（3）从微观角度直接界定的环境资产。从微观角度对环境资产直接进行界定也因有关组织机构或学者的认识不同而给出了不同的定义。联合国国际会计与报告标准政府间专家工作组认为，环境资产是指由于符合资产的确认标准而被资本化的环境成本，是从微观单位的角度对其所发生的与环境有关的成本因符合资本化条件而被资本化的部分。

2. 环境资产的确认与计量依据

对环境资产的确认问题，实质上就是要判断由于过去的交易或事项产生的项目是否应当以环境资产的形式计入单位财务报表的过程。以什么标准作为基本依据来确认环境资产，是我们研究环境资产确认问题时必须明确的一个问题。美国财务会计准则委员会对资产确认的一般定义可以成为确认环境资产的基本依据。在FASB的第5号财务会计概念公告中，对单位一般资产的确认提出了可定义性、可计量性、相关性和可靠性四条普遍适用的具体确认标准，这些标准是我们研究环境资产确认条件的基本理论论据。

一个项目是否应确认为单位的环境资产必须同时满足以下四个条件。

第一，符合定义。对于单位发生的成本只有符合这一环境资产的定义才可确认为单位的环境资产。

第二，货币计量。而对于单位发生的不能用货币计量的有关活动或事项就不能确认为单位的环境资产。

第三，决策相关。只有与信息使用者决策相关的有关环境成本的资本化才能确认为单位环境资产。

第四，可计量性。由于单位环境资产是单位环境成本的资本化，而环境成本往往是单位付出了一定的代价的。因此，对单位环境资产取得时，其价值可以按所花代价进行计量。这种计量是有据可查的、可验证的，因此其计量结果应当是相当可靠的。否则，就不能确认为单位环境资产。综上所述，只有那些单位发生的环境成本中同时符合环境资产要素的定义、可用货币计量、与使用者的决策相关和能够可靠的计量等确认标准的项目才有可能被资本化，确认为环境资产。

3. 环境资产的确认与计量方法

（1）增加的未来利益法，即导致未来经济利益增加的环境成本应资本化。这是从经济角度考虑的，不过，对于污染预防或清理成本，在被认为是单位生存绝对必要的条件时，即使它不能够创造额外的经济利益，也应予以资本化。

（2）未来利益额外的成本法，即无论环境成本是否带来经济利益的增加，只要它们被认为是为未来利益支付的代价时，就应该资本化，这是从可持续发展的角度考虑的。

（三）环境成本的确认与计量

环境成本与传统单位成本相比，具有不确定性，但仍能根据相关法律或文件进行推定。在目前的会计制度体系中，在权责发生制原则下，环境成本应满足以下两个条件。

第一，导致环境成本的事项确已发生，它是确认环境成本的基本条件。如何确定环境成本事项的发生，关键是看此项支出是否与环境相关，并且，此项支出能导致单位或公司的资产业已减少或者负债的增加，最终导致所有者权益减少。

第二，环境成本的金额能够合理计量或合理估计。由于环境成本的内容涉及比较广泛，因此，其金额能不能合理计量或合理估计则是确认环境成本的重要条件。在环境治理过程中，有些支出的发生能够确认，并且还可以量化，如采矿单位所产生的矿渣及矿坑污染，每年需支付相应的回填、覆土、绿化的支出就很容易确认和计量。但有些与环境相关的成本一时不能确切地予以计量，对此我们即可以采用定性或定量的方法予以合理地估计，如水污染、空气污染的治理成本和费用，在治理完成之前无法准确计量，只能根据小范围治理或其他单位治理的成本费用进行合理估计。

环境成本的固有特征决定了环境成本确认的复杂性，严格确认环境成本是正确确认环境资产的前提条件，因此，必须强化环境成本确认的标准，为环境资产的确认奠定基础。

四、环境会计报告

对于披露环境会计信息的方式包括独立式环境会计报告模式两种。

（一）环境资产负债表

独立式的环境资产负债表是单位为反映环境对财务状况的影响而独编制的资产负债表。借鉴传统财务会计的做法，环境资产负债表左方登记环境资产，右方登记环境负债及环境权益，也遵循"资产＝负债+所有者权益"这一理论依据。

在环境资产负债表中，环境资产是参照传统会计的做法分为环保流动资产和环保非流动资产两部分。

环保流动资产用来核算与单位环境治理相关的货币资金、存货、应收及预付款项环保非流动资产包括单位所拥有或控制的自然资源以及与单位环境治理相关的固定资产、无形资产、长期待摊费用等。

环境负债主要包括两部分：一是为进行环境保护而借入的银行借款，包括短期环保借款和长期环保借款；二是应付的环境支出，可按其内容分别设"应付环保款""应付环保职工薪酬""应交环保费""应交环保税"等科目进行反映。

（二）环境利润表

设置单独的利润表，可以较好地让信息使用者了解单位的环境绩效，揭示单位保护环境和控制污染的成效①。

环境利润表按照"环境利润＝环境收入–环境费用"这一等式，采取单步式结构计算利润。

由于环保工作带来的社会效益等难以计量，故在环境利润表中的环境收入只通过环保交易收入、环保补贴贡献收入、环保节约收入三大项目来反映。其中：环保交易收入是指单位在生产经营过程中的各项交易事项形成的与环境保护有关的收入，可分为单位出售废料的收入、排污权交易收入及因提供环保卫生服务获得的收入等。

环保补贴贡献收入是指由于单位获得的政府给予的环保补贴或因取得环保成果而得到的社会奖金，可分为政府给予单位的支持环保的补助收入和环保贡献奖金收入。

环保节约收入则是单位在环境治理中取得的各项节约收入，这一部分收入虽然可能不容易直接计算，但仍然是属于单位在环境治理中获得的经济利益，理应计入环境收入。

环保节约收入可分为单位节约能源及材料的节约额、排污费节约额、节约的污染处理费、节约污染赔偿费，因环保贡献而受政府支持取得的低息贷款节约利息额、减免税收节

---

① 陈玉珍．基于网络环境的会计教学方法研究［M］．会计之友，2006.

约额等。

环境费用则按其性质和作用分为环境治理费用、环境预防费用、环境负担费用、环境恶性费用四类。

环境治理费用是单位治理已经存在的环境影响而发生的支出，可分为单位因治理环境花费的材料费用、绿化、清洁费用、环保设备折旧费以及由于购入环保材料而支付的额外费用。

环境预防费用是单位为防止环境污染支付的预防性支出，环境预防费用可分为环保贷款利息、环境机构业务经费、环境部门人员工资及福利、员工环境教育成本、社会环保活动开支等环境负担费用则是单位理应承担的环境保护责任支出，可分为排污费、与环境有关的税金支出、其他环境费用等。

环境恶性费用是由于单位环境治理不力而导致的负面性的开支，可分为环境事故罚款及赔偿、环保案件诉讼费。

(三) 会计报表附注

在报表附注中披露以下报表项目中不能反映的非财务信息单位环境会计所采用的具体目标和特定会计政策，如单位环境状况及环境目标完成情况简介、环境资产的计价与摊销政策，环境利润的确认政策等单位面临的环保风险，包括国家环保政策的可能变动、上市公司所处行业的环保情况及未来发展趋势分析等环境法规执行情况，可分为依据的环境法律、法规内容及标准以及执行的成绩和未能执行的原因等主要污染物排放量、消耗和污染的环境资源情况所在环境的资源质量情况、单位本期或未来的环保投入情况、治理环境污染或采取环保措施而获得的经济效益和社会效益环境事故造成的影响及处理情况、单位内部环保制度、机构设置，环保技术研发、环保培训、环保活动等开展情况，环境会计变更事项，包括环境会计方法的变更、报告主体的改变、会计估计的改变等。

环境会计所研究的末端治理模式的特征是先污染后治理，或者是边污染边治理。它把环境污染看做是生产中不可避免的。在末端治理范式下，自然资本成为被开发的对象，在生产中处于被动的和受忽视的地位。自然环境和自然资源的价值被人为地降低，很少被维护，以至于被破坏，这是环境会计研究所不能解决的难题。

第三节　经济学成本与会计学成本比较

成本作为一个基本的经济学范畴，不仅在经济学中，而且在会计学中都具有十分重要的理论价值和实践意义。本节从它们的定义出发，从三个方面比较二者的不同，提出用发展的眼光看待这两种成本理论，从基础理论的角度进行分析研究，以期为学习和研究西方经济学成本理论者提供借鉴。

一、会计学中的成本定义

美国会计学会对成本的定义是：为了达到特定目的而发生或未发生的价值牺牲，它可用货币单位加以衡量。会计学中对成本的定义是：特定的会计主体为了达到一定目的而发生的可以用货币计量的代价。《成本管理》中对成本下的定义是：为了达到某一种特定目的而耗用或放弃的资源。从以上定义看，会计成本是单位在生产经营过程中发生的各项费用支出总和，包括工资、原材料、动力、运输等所支付的费用，以及固定资产折旧和借入资本所支付的利息等。

会计学上的成本具有以下特点：①围绕单位生产过程进行研究，重点研究生产成本，不涉及单位与外界和单位内部组织之间的费用；②只关心实际发生的成本，不关心未来的产出；③能够以货币加以计量，只核算可以用货币直接反映出来的成本，不包括应计入而不能以货币直接反映出来的成本；④只计量实物资本成本，不计量其他成本。

二、经济学中的成本定义

随着经济理论的发展，西方经济学中对成本的研究很多，人们不仅研究发生在单位生产过程中的成本，也研究生产过程前后发生的成本，还研究单位与单位之间、单位与社会之间以及单位内部组织之间发生的成本费用。我们着重研究生产成本、机会成本、边际成本和交易成本。

（一）生产成本

由于生产过程本身是一个投入产出的过程，因此生产过程中所投入的生产要素的价格就是生产成本。经济学中关于单位生产成本的分析一般具有如下基本内容：

1. 短期成本

在短期内，由于固定投入保持不变或变动性小，增加产量主要依靠增加可变投入数量。短期成本（TC）包括固定成本（TFC）和可变成本（TVC）两部分，前者不随产量的变化而变化，后者随产量变化而变化，呈现递减、不变、递增的态势。短期成本有两个重要概念：平均成本（AC）和边际成本（MC）。平均成本又可分为平均固定成本（AFC）、平均可变成本（AVC）和平均总成本（AC）。平均固定成本随产量增加而递减，平均可变成本、平均总成本、边际成本随产量的增加而经历递减、最小、递增三个阶段[①]。

2. 长期成本

长期成本是生产者在可以调整所有的生产要素数量的情况下，进行生产所花费的成

---

① 荆新，王化成．财务管理学（第七版）［M］．中国人民大学出版社，2015.

本。在长期中，单位可以根据它所要达到的产量来调整生产规模，从而始终处于最低平均成本状态，所以长期平均成本（LAC）曲线就由无数条短期平均成本曲线的最低点集合而成，即长期平均成本曲线就是短期平均成本曲线的包络线，单位可根据长期成本曲线来作出生产规划。

（二）机会成本

机会成本是经济学中的一个重要概念，在经济学中被定义为"从事某种选择所必须放弃的最有价值的其他选择"。机会成本不是指实际的支出，而是对资源的合理配置和有效利用的一种度量，对放弃效益的评价，表达了稀缺与选择之间的基本关系。机会成本主要的特征是：不关心过去已经发生的成本，而是关心未来的产出，它不是对历史的反映，而是对未来活动结果的预见。机会成本有助于决策者全面考虑各种方案，为有限的资源寻求最为有利的使用途径。

（三）边际成本

边际成本是指由于单位产量每增加一单位所增加的成本费用。它可以通过总成本增量和总产量增量之比表示出来：$MC = d (TC) / dQ$。从概念得知，边际成本是可变成本增加所引起的，而单位可变成本又存在着先减后增的变化规律，因此边际成本（MC）也必然是一条先降后升的 U 形曲线。

边际成本是选择成本时要考虑的关键因素。单位的规模不是越大越好，一旦超出规模经济范围，成本反而会增加。因此，单位要利用边际成本分析法，综合考虑边际成本和规模收益情况。

（四）交易成本

西方学者对交易成本定义众多。科斯认为，交易费用是获得准确的市场信息所需支付的费用以及谈判和经常性契约的费用。张五常认为，交易成本可以看作是一系列制度成本，包括信息成本、监督管理的成本和制度结构变化的成本。威廉姆森认为，交易费用可分为事前和事后两种，事前交易成本是指起草谈判的成本；事后交易成本指交易已经发生之后的成本，如退出某种契约的成本、改变价格的成本、续约的成本等。

交易成本有以下几个特点：①交易成本是发生在处于一定社会关系之中人与人之间的，离开了人们之间的社会关系，交易活动不可能发生，交易成本也就不可能存在，即交易的社会性；②交易成本不直接发生在物质生产领域，即交易成本不等于生产成本；③在社会中一切经济活动成本除生产成本之外的资源耗费都是交易成本。

三、会计学成本与经济学成本比较

（1）会计学中的成本是基于会计假设计算的，经济学中的成本概念突破了会计假设。

1922年佩顿所著的《会计理论》一书中首次提出会计假设，会计学有四个基本会计假设：会计主体假设、持续经营假设、会计分期假设及货币计量假设，这些假设是从事会计工作、研究会计问题的前提。根据会计主体假设，借入资本的利息是计入会计成本的，但权益成本是不能计入的，个体私营业主的工资收入都不能计入成本，而经济学成本是包括这些的。持续经营假设和会计分期是单位计提折旧的理论依据，资本性支出在不同的会计期间分担，体现权责对等，均衡利润和税负，但经济学成本只考虑现金的流出，即便是资本性支出也一次性计入成本。另外，会计只计入能用货币计量的成本，经济学则将其他的经济量也作为成本。

（2）会计学成本重点研究生产成本，记录过去的交易，而且很重视进行客观的叙述。相比之下，经济学家通常比会计学家具有更宽广的眼界，他们注意对经济活动进行分析，除了研究生产成本还研究其他各种成本。在西方经济学中生产成本概念已经比较成熟，其理论也广泛地运用在会计学上。

（3）会计学成本与机会成本。会计学家的工作是关注记录流入和流出单位的货币。他们衡量单位实际发生的成本，但忽略了部分机会成本。与此相比，经济学家关心单位如何作出生产和定价决策，因此当他们在衡量成本时就包含了所有机会成本。在会计学中引入机会成本的概念，有助于使传统会计在现有以核算为主的基础上加强参与决策，实施适时控制和开展经济分析等功能。

（4）会计学成本与交易成本。传统会计学成本重点研究生产成本，但在社会中，一切经济活动除生产成本之外的资源耗费都是交易成本，只要存在人与人之间的交易，就存在交易成本。根据交易成本相关理论，单位不仅与人力资本的提供者（雇员、经理）、实物资本的提供者（股东、债权人等）缔约，也与原料供应者、产品购买者缔约，还与政府缔约政府管制契约，与社会缔结有关社会责任的契约，故形成了人力资本成本、信息成本、政治成本、社会成本等一系列成本范畴，这些成本范围随着各种条件的成熟，会最终进入会计成本的研究范围。

四、用发展的眼光看两种成本理论

从发展趋势看，传统经济学的完全信息假定、完全市场假定等逐渐被现代经济理论更接近实际的假设条件所取代，从而使得现代经济理论的针对性、可操作性更强，这是经济理论不断创新、不断进步的表现，也满足了经济活动的参与者对具有现实指导意义的理论的要求。适应这一潮流，传统成本的理论也必将随着经济理论的发展而不断丰富，新的成本范畴还会不断产生，现有的成本范畴也将会不断被赋予新的内容。在可以预见的将来，诸如交易成本、代理成本等范畴都应该逐步实现规范化，获得各个学派比较统一的解释，以利于进一步系统深入地研究与解释，真正构成现代经济学大厦的有机组成部分；而那些仍处于初步探讨中的如政治成本、转化成本、社会成本等成本范畴，将逐渐为人们所熟悉，并最终纳入会计学的计量研究中。

会计从来是服从和适应于社会经济发展的。经济运行的状态决定着会计运行的方向。传统会计学成本是适应于传统工业经济，在新的经济下，要求会计模式也要进行相应变革，而经济理论恰恰为会计理论提供了理论依据和指导。通过会计学与经济学成本之比较，我们可以看出会计学成本的发展方向，从中可窥视出会计未来的发展趋势。

（1）传统会计成本正从单纯计量过去信息，正向能动地运用信息参与决策，提供未来信息的方向发展，即由静态向动态，由计量过去到计量未来。

（2）会计成本由重视单位内部成本向重视内部成本与外部成本并重发展。

（3）由于现代经济学成本概念计量的高难性和综合性，会计成本的计量也由简单的加减向综合化和数学化方向发展。

（4）会计成本由以货币计量为主向采用多种综合计时手段并存的阶段发展，如在美国，一般大型单位都在其年度报告中附有简要的社会责任履行和环境保护情况的说明。

第四节　经济学视域下的会计学

随着我国经济水平的不断提升，各行各业都取得了持续有效的发展，在这种大环境下，可以说，会计工作是支撑单位发展的主要源动力，因此会计学分析就显得尤为的重要。为此相关的研究学者已经将研究重心放到了经济学视域下的会计学分析上，并且已经取得了初步的成果。准确有效的分析会计学，不仅可以提升单位财务工作的效率，还可以为单位控制成本的工作提供极大的便捷帮助。本节就经济学视域下的会计学分析做了简要的分析，目的在于提升人们对会计学的认知度，进而提升会计的工作效率，推动单位的发展进程。

一、会计学概述

会计学是是一种能够将会计工作本质、变化规律以及体系构造直观的呈现给相关学者的知识体系，会计学相较于其他的学科有着本质上的区别，其本身具有许多独有的特征，这些特征主要表现在以下几个方面，第一，体系化特征，会计学经历了数个发展阶段，就目前来看，会计学已经有多个各分支学科转变为一个总体学科。在经济学视域下进行跨级血分析，就是将各个分支学科进行有效的串联，经各个种类的会计学的特征，功能以及发展方向进行有效的整合。第二，指导性特征，经济学视域下的会计学分析，主要强调的是对于会计工作的变化规律，发展趋势，以及会计工作需求的研究，而其得出的结果是各界会计工作人员的重要参考依据，其分析结果的准确性直接影响着会计工作质量的高低。

二、经济学视域下会计学分析的意义

就目前来看，我国的社会经济正在稳步提升，在这种大环境下，社会经济在发展的同时对于会计工作也提出了更高的要求。为了能够使会计学能够适应我国各大单位的发展进程，必须要在经济学视域下准确有效的进行会计学分析。经济学视域下的会计学分析的意义主要体现在以下三个方面：第一，在经济学视域下进行会计学分析可以完善会计学的相关理论。我国的会计学理论要想适应我国不断发展的经济体制，就需要不断的进行革新，而在经济学视域下进行会计学分析，可以很好地满足这一社会经济发展需求，从本质上来讲，经济学视域与会计学是两种不同的学科，但是两者之间具有较强的联系性，在而在经济学视域下进行会计学分析是将两者进行有机融合的分析方式，这样一方面可以分析出我国会计学的发展过程，还可以极大的完善我国的会计学理论，为社会经济体制的发展提供重要的参考依据。第二，在经济学视域下进行会计学分析可以极大的扩宽研究范围，同时也能够增强会计学的实效性以及实用性。经济学视域下的会计学分析并不仅限于会计学本身的研究，它还是对经济学的研究，如果只是对会计学进行分析，这样就相当于"闭门造车"式的研究，不仅不能达到预期的效果，甚至所研究出来的结果与实际结果会产生较大的误差。在经济学视域下进行会计学的研究，可以很好地将经济学的优势与会计学的优势进行有机融合，从而形成一种新型且实用的会计学理论。第三，为会计学的体系改革提供便捷的帮助，在经济学视域下进行会计学的研究是对比分析法的重要表现，它是对两者的分析对象，分析方式，理论基础进行对比，最终目的就是探究经济学发展的新道路，推动经济学的发展进程。

三、经济学视域下的会计学分析

（一）经济学视域研究

就我国经济学而言，我国的相关研究学者在实际研究的过程当中主要强调三点，第一，各种商业机构所制造的产品以及劳动力与单位之间的关系劳务关系。第二，运用何种方式来进行生产制造，制造出那种符合单位发展的产品以及业务，以及如何进行资源配置。第三，商业关系；围绕着这三点来进行性相关的研究分析，可以极大的提升分析结果的准确性，时效性以及实用性。从宏观的角度来讲，在经济学视域下的会计学分析主要就是研究经济市场当中的劳动产出，就业情况，产品以及业务的价值，对外贸易情况这四个点。从本质上来讲这四方面的研究就是财政政策以及收入政策的研究统计。而准确有效的分析出这几点的实际情况可以使我国会计市场当中的总供授以及总需求得到平衡，同时也能够为会计工作提供极大的便捷帮助，进而提升会计的工作效率，是会计工作发挥出应有的作用。就研究表明，会计学分析的内容较为复杂，所涵盖的知识点也较为繁琐。

（二）国内外会计学分析之间的关系与发展探究

就目前来看，我国的会计学分析经历了数个发展阶段，在每一个发展阶段所呈现的结果都有着本质上的差别。由于所研究的方向以及内容各部相同，其在研究过程中所遇到的问题以及研究方式、研究结果也各部相同，但是他们最终的目的都是为了提升我国会计学研究成果的实效性以及实用性。从实际的角度出发，现阶段，我国在经济学视域下的会计学分析正处于起步阶段，其中存在着血多问题，为了能够准确的进行会计学分析，从而实现既定目标，我国相关研究学者必须要借助一些发达国家对于会计学分析的经验，并结合本国的实际情况以及会计发展走向，制定出科学合理的分析措施，找到分析工作的切入点，并及时的着手进行分析工作。这样不仅可以准确有效的分析出具有实效性以及实用性的跨级理论，同时对于我国会计学的发展也有着重大的意义。

综上所述，在经济学视域下进行会计学分析，对于会计学的发展有着重要的推动作用，而会计学得到了持续有效的发展，我国各个领域的会计工作质量也会得到相应的提升，进而推动我国整体经济的发展进程。为了能够准确有效的完成经济学视域下的会计学分析工作，相关的研究学者必须要将工作重心放到经济学与会计学关系的研究上，结合时代背景以及会计工作的发展需求，制定出科学合理的分析方式，进而提会计理论的时效性以及实用性。

第五节　产权理论与会计学

单位的产权分离是会计学研究的一个崭新的方向，是产权理论与会计学的有机结合。产权的本质是对稀缺资源的产权问题研究，一些经济学问题都可以通过产权理论框架进行分析。单位提供会计信息是一个必然的事实，单位进行会计信息披露的本质原因在于财产所有权。从产权理论思路出发，能够对会计产生和发展有更深入的了解。

一、产权理论的相关概念

产权经济学即为产权理论，是 20 世纪 60 年代以后流行于西方的新制度经济秩序运行中的交易费用如何对社会资源配置产生影响和制约的问题，经济秩序包括单位制度、市场机制和政府干预。产权理论是会计研究的起点，产权关系决定着会计确认、计量方式、记录难度和报告程度，而社会中一次次的产权变革便促进会计产生、发展和完善。

从产权理论提出中国过度会计学的观点，即从产权理论角度分析会计本质、起点和发展，总结了产权与会计关系方面相关观点；从产权和博弈等角度对会计监督、审计等现实问题作出实务性研究。将产权经济学和会计学的理论方法结合起来，以会计学基本理论为对象进行分析，开创了产权制度与会计制度比较研究新领域，对于社会分工和社会生活高度复杂的现代社会市场经济来说具有非常重要意义。

二、产权理论与中国会计学的关系

产权经济学即为产权理论，是 20 世纪 60 年代以后流行于西方的新制度经济秩序运行中的交易费用如何对社会资源配置产生影响和制约的问题，经济秩序包括单位制度、市场机制和政府干预。会计作为一种有效的监督和管理手段发挥重要作用，更大限度的被产权所有者所利用。在发生利益冲突和经济纠纷时，会计记录便会作为一项有利的证据，证明产权所有者对财产的支配权。也可以说会计的产生是一种必然，并建立在一定的产权关系上。并且由于会计是由政府或民间权威组织制定与实施，适用范围广使得边际成本低，具有规模效应节约交易费用的作用。毫无疑问，产权于会计之间存在一种天然的联系，任何时期的会计都是建立在一定的产权关系上。我把文中主要内容总结如下：

产权理论是会计研究的起点，产权关系决定着会计确认、计量方式、记录难度和报告程度，而社会中一次次的产权变革便促进会计产生、发展和完善。因此，产权理论对会计的影响也逐渐明晰，可将其分为三个方面：①会计反应和控制产权交易行为，从产权理论角度上来讲，社会上的一切经济活动都是产权交易；②会计准则的制定与产权密切相关，维护与保护产权所有者的利益是会计法律制度建立的出发点；③产权的特征决定会计的发展方向，各个产权所有者在为利益进行博弈，因此会计满足各个产权所有者所必须的信息[①]。

从理论上来讲，产权理论是经济学理论的基石；从实践上来看，产权明晰是市场经济能够有效的前提条件。结合产权、制度和博弈等理论可以研究我国会计制度从计划经济向市场经济过渡问题和一般规律。运用均衡分析、交易费用分析、代理理论和契约理论相结合的方法，强调会计制度变迁是一个演进过程，在具有中国特色会计理论和方法让所有当事人去博弈和探索，才能解决中国会计发展问题。从产权理论出发，能够说明我国现行制度下会计信息失真是委托人和代理人博弈的必然结果，因为国有单位的名义所有权归国家所有，实质的所有者缺位，代理人拥有国有单位控制权并去追索单位剩余权益，这是国有单位效率低下以及管理层腐败的原因。只有找到原因才能够探索解决的办法，要从根本上解决这个问题，还必须依赖于国有单位产权制度的变革和创新，这不仅仅是会计改革，也是产权与会计的融合。

---

① 王伯庆．2011 年中国大学生就业报告［M］．北京：社会科学文献出版社，2011.

三、产权理论与会计学结合的现实意义

从会计产生与发展的动因、职能、对象、目标、假设和会计制度等方面，深化了我对会计基本理论的认识。以往学习会计假设是从已经存在的单位会计制度的基础上，运用产权理论的基本原理是从动态的看待产权和会计的关系。会计研究对象是单位资金运动，产权理论丰富了这个观点。资金运动作为会计研究对象比较抽象，却反应单位某项资产产权及其变动，并且单位的会计确认、计量、记录和报告也是反映产权的变动。同时，产权理论中的交易费用观点解释单位的存在与规模，认为单位是一种契约关系的链接，其目的就是为了节约交易费用，而会计是为了保护这些契约关系的有效完整和适当履行。因此，若把产权作为会计的研究对象不失为一个好办法。而单位的会计计量和报告经营活动，首先要明确单位是什么，对于单位的性质是经济学问题，也验证了把产权经济理论引入会计学是可行的。

把产权作为会计的研究对象也能够解决我国存在的一些现实问题。如政府经济职能和行政能力交叉重叠，就不可避免的导致了政府在对市场形势经济调控职能的同时会融入行政干预的色彩，使得市场不能作为媒介对社会资源进行有效合理的配置，会计行为顺从政府行政权力的强制和大财团的意图，出现了一些大国企的官员单位家现象。这些都是产权关系模糊导致的，书中更是一针见血的指出国有单位所有权约束弱化甚至缺席，导致会计核算与国有资产所有者的利益相矛盾。毫无疑问对于产权会计的创新和发展非常重要，只有明晰了产权界定，才能使会计规范的运行和会计信息的生成是有效的。产权理论和会计学的融合是一个动态过程，会计制度则是个产权主体博弈后达到纳什均衡后的产生的。随着我国市场经济的不断完善，我认为作者提出让会计理论界作为会计制度博弈中的中介角色是非常好的建议。理论界通过政府授意和实务界的信息反馈得出综合意见来制定和修订会计法规，可以防止我国会计制度的纯政府模式和理论与实务脱节的危险，使会计制度达到纳什均衡的状态。

会计反应了同时代的产权关系和产权结构，会计改革也必然朝着产权改革的方向进行。会计学与经济学的结合有益于探索中国过渡会计，究根结底是寻找事物发展的一般规律具有普遍性的特点，也同时启发了我看待事物从多角度究其本质，我相信随着我国市场化，政府不断放权，会计制度的发展在产权博弈下必然达到纳什均衡，满足不断发展中社会的需要。

第二章　会计信息化

第一节　信息技术对会计的影响

信息技术的进步和应用的普及，对人类社会产生了极大的影响，也在不断地推进着管理科学的发展。计算机技术在会计工作中已经得到了普遍应用，手工会计系统已经被计算机会计信息系统所取代。信息技术与新的管理思想和管理方法相结合，打破了传统的管理规则，创造出许多新的组织结构形式和管理方式，特别是网络环境为企业创造了尝试多种形式管理的空间。而这一切也必然对会计学科和会计实务工作产生深远的影响。

一、对会计学科的影响

我国著名的已故会计学家杨纪琬先生曾预言："在 IT 环境下，会计学作为一门独立的学科将逐步向边缘学科转化。会计学作为管理学的分支，其内容将不断地扩大、延伸，其独立性相对地缩小，而更体现出它与其他经济管理学科相互依赖、相互渗透、相互支持、相互影响、相互制约的关系。"[1]

二、对会计理论的影响

信息技术的应用对会计理论产生了深远的影响。

（一）对会计目标的影响

会计目标是会计理论体系的基础，会计目标主要体现在向谁提供信息，应该提供哪方面的信息或提供哪些信息等问题。传统会计将会计信息的使用者作为一个整体，提供通用的会计报表来满足他们对信息的需求。在网络经济时代，会计信息的需求者与会计信息的提供者可以利用网络实时双向交流。例如，财会人员在了解了企业管理层的决策模型之后，可以针对其需要，向其提供专门的财务报告和相关信息。因此，信息技术可以使会计能够提供适用于不同决策模型的含有不同内容的专用财务报告。

---

① 欧阳征，陈博宇，邓单月．大数据时代下企业财务管理的创新研究［J］．企业技术开发，2015，34（10）：83−85.

（二）对会计假设的影响

会计假设是会计核算的基本前提，是商品经济活动条件下进行会计活动的基本环境和先决条件。传统财务会计以会计主体、持续经营、会计分期和货币计量4项基本假设为基础，而基于网络的会计由于其特殊性往往可以不受这4项基本假设的束缚。

（1）对会计主体假设的影响。在网络经济环境下，企业可以借助网络进行短期联合或重组，形成虚拟企业，从而导致会计主体具有可变性，使得会计主体认定产生困难，使会计核算空间处于一种模糊状态，虚拟经济的出现对传统会计主体假设是一种挑战。

（2）对持续经营假设的影响。在网络经济时代，企业可以根据需要借助网络相互联合起来完成一个项目，当项目完成之后，这种联合随之解散。这种临时性的网络企业在网络经济时代将十分普遍，使企业持续经营的前提对他们不再适用。

（3）对会计分期假设的影响。会计分期的目的是为了分阶段地提供会计信息，满足企业内部和外部管理或决策的需要。限于处理能力，会计期间分为年度、季度和月份。在网络经济时代，通过网络，企业内外部会计信息的需求者可以动态地得到企业实时的财务信息，在这种情况下，会计分期已从年、季、月缩短为日甚至到实时。ERP环境下的会计已经实现了这一点。

（4）对货币计量假设的影响。在网络经济时代，连接各国的信息网络使全球形成统一的大市场，经济活动的国内与国外的界限变得模糊起来。同时，国际贸易的剧增使得币种多而且币值变动大，这些都对货币计量假设提出了挑战。在网络环境下，完全可能出现一种全球一致的电子货币计量单位，用以准确地反映企业的经营状况。

（三）对会计要素的影响

传统财务会计将会计要素划分成反映财务状况的会计要素（资产、负债、所有者权益）和反映经营成果的会计要素（收入、费用、利润）。随着信息技术的发展和应用，数据处理的速度会越来越快，会计要素的划分可以更加细密和更有层次，以便更加准确地反映企业资金的运动状况。

三、对会计实务的影响

信息技术的应用对会计工作实务也产生了深远影响。

（一）对会计数据采集的影响

面向供应链的管理理念与信息技术相结合，改变了传统会计数据的采集—核算—披露流程的处理方式。所谓供应链管理是指通过加强供应链中各活动和各实体间的信息交流与协调，增大物流和资金流的流量和流速，使其畅通并保持供需平衡。企业内部网通过防火墙，一方面使企业与未授权的外部访问者隔离，另一方面允许内部授权的活动延伸到企业外部，与关联企业如供应商、经销商、客户和银行之间形成范围更广的网络应用系统。这个网络应用系统人们称之为企业外部网。在这种情况下，不仅是企业内部，即使外部的经济活动发生端的数据采集，也不再需要大量的财会人员根据原始凭证录入，而是系统的实时处理功能使数据的采集伴随网上交易、结算活动及物资与价值的流动同时完成，实现会计数据的实时采集。

（二）对财务报告的影响

当前的财务报告有很多局限，无法反映非货币化会计信息，无法反映企业发生的特殊经济业务，如衍生金融工具等。在信息技术环境下，财务报告会突破上述限制，拓宽信息披露的范围，不仅提供财务信息，还会提供非财务信息，如风险信息、不确定信息、前瞻性信息、创新金融工作信息、企业管理信息等。充分揭示企业现金流量的变化、财务状况的变动趋势，全面反映企业的经营状况，满足不同信息使用者的要求。

四、对会计职能和观志的影响

（一）会计工作组织体制发生变化

在手工会计中，会计工作组织体制以会计实务的不同性质为主要依据。一般来说，手工会计中划分为如下专业组：材料组、成本组、工资组、资金组、综合组等，它们之间通过信息资料传递交换、建立联系，相互稽核牵制，使会计工作正常运行。其操作方式是对数据分散收集、分散处理、重复记录。

会计信息化后，会计工作的组织体制以数据的不同形式作为主要依据。一般划分为如下专业组：数据收集组、凭证编码组、数据处理组、信息分析组、系统维护组等。其操作方式是集中收集、统一处理、数据共享，使会计信息的提取、应用更适应现代化管理要求。

（二）会计人员素质发生变化

会计人员不仅要具有会计、管理和决策方面的知识，还应具有较强的计算机应用能力，能利用信息技术实现对信息系统及其资源的分析和评价。

（三）会计职能发生变化

会计职能是会计目标的具体化，会计的基本职能是反映和控制。信息技术对会计的两大基本职能将产生重大的影响。

从会计反映职能上看，在信息技术条件下，由于计算机处理环境的网络化和电子交易形式的出现，因此建立基于计算机网络的会计信息处理系统已成为必然。在这种会计信息处理系统中，企业发生的各种经济业务都能自动地从企业的内部和外部采集相关的会计核算资料，进行实时反映。

从会计控制职能上看，由于会计信息系统实现了实时自动处理，因此，会计的监督和参与经营决策的职能将显得更为重要。会计监督职能主要包括监督自动处理系统的过程和结果，监督国家财经法规和会计制度的执行情况，通过网络对企业经济活动进行远程和实时监控。会计的参与经营决策的职能主要通过建立一个完善的、功能强大的预测决策支持系统来实现。

（四）会计观念需要创新

现在的社会经济环境、企业组织方式、企业规模等已经发生了重大变化，会计行业对如何提供信息需要有更加创新的视角。

企业除了追求营业利润外，更多的是要关注自身产品的市场占有率、人力资源的开发和使用情况，以及保持良好的社会形象。同时，知识经济拓展了企业经济资源的范围，使企业资源趋于多元化。人力资源将成为资产的重要组成部分，并为企业所拥有和控制，为企业提供未来经济效益。因此，会计工作必须树立增值观念，将增值作为企业经营的主要目的，定期编制增值表，反映企业增值的情况及其在企业内外各收益主体之间的分配情况[①]。而资产应包括人力资产和物力资产两个部分。

在信息时代，信息传播、处理和反馈的速度大大加快，产品生命周期不断缩短，市场竞争日趋激烈，企业的经营风险明显加大，因此，会计工作还要树立风险观念。会计工作既是一种生成信息、供应信息的工作，也是一种利用信息参与管理的工作。企业管理的信息化也对财会人员提出了更高的要求，一个大企业如何进行会计核算，如何推进会计及企业管理的信息化，如何利用信息化的手段提高企业的市场竞争力、实现管理创新，正成为财会人员面临的新挑战。

五、对会计信息系统的影响

目前，国内建立的会计信息系统基本上都是用于处理已发生的会计业务，反映和提供已完成的经营活动的信息。然而，现代经济活动的复杂性、多样性和瞬间性，对管理者提出了更高的要求。每一个管理者都需要依靠科学预测来作出决策，而管理者的决策方式已从经验决策方式转向科学决策方式，应加强智能型会计决策支持系统的开发与应用，会计决策支持系统是通过综合应用运筹学、管理学、会计学、数据库技术、人工智能、系统论和决策理论等多门学科构建的。

① 宋丽群.财务管理［M］.北京：北京大学出版社，2011.

信息技术的飞速发展，会计信息系统将向模拟人的智力方向发展。系统将会有听觉、视觉、触觉等功能，能模拟人的思维推理能力，具有思考、推理和自动适应环境变化的功能。专用会计信息系统将向通用会计信息系统发展，会计信息系统将是一个基于网络的信息系统。因此，企业集团可以利用数据库与网络，建立跨会计主体和跨地域的集团内部会计信息系统，实现"数据大集中、管理大集权"的目标，与会计工作方法的创新相适应。

第二节 会计信息化概述

一、会计电算化

（一）会计电算化的概念

会计是旨在提高企业和各单位活动的经济效益，加强经济管理而建立的一个以提供财务信息为主的经济信息系统。过去，人们利用纸、笔、算盘等工具开展会计工作，随着科学技术的发展，人们开始利用电子计算机来开展会计工，形成了会计工作的电算化。

会计电算化，是"电子计算机在会计中的应用"的简称。"会计电算化"一词是于1981年8月财政部和中国会计学会在长春市召开的"财务、会计、成本应用电子计算机专题讨论会"上正式提出的。国内有的人又将会计电算化称为"电算化会计""计算机会计"，国外有人称为"电算化会计信息系统"。

会计电算化的含义有狭义和广义之分。狭义的会计电算化是指以电子计算机为主体的电子信息技术在会计工作中的应用；广义的会计电算化是指与实现电算化有关的所有工作，包括会计软件的开发与应用、会计软件市场的培育与发展、会计电算化人才的培训、会计电算化的宏观规划和管理、会计电算化制度建设等。

（二）会计电算化的特征

与手工会计工作相比，会计电算化具有以下特征：

1. 人机结合

在会计电算化方式下，会计人员填制电子会计凭证并审核后，执行"记账"功能，计算机根据程序和指令，在极短的时间内自动完成会计数据的分类、汇总、计算、传递及报告等工作。

2. 会计核算自动化、集中化

在会计电算化方式下，试算平衡、登记账簿等以往依靠人工完成的工作，都由计算机自动完成，大大减轻了会计人员的工作负担，提高了工作效率。计算机网络在会计电算化中的广泛应用，使得企业能将分散的数据统一汇总到会计软件中进行集中处理，既提高了数据汇总的速度，又增强了企业集中管控的能力。

3. 数据处理及时准确

利用计算机处理会计数据，可以在较短的时间内完成会计数据的分类、汇总、计算、传递和报告等工作，使会计处理流程更为简便，核算结果更为精确。此外，在会计电算化方式下，会计软件运用适当的处理程序和逻辑控制，能够避免在手工处理方式下出现的一些错误。以"记账"处理为例，记账是计算机自动将记账凭证文件中的数据登记到总账、明细账、日记账等相关账户上，账户的数据都来源于记账凭证文件，数据来源是唯一的，记账只是"数据搬家"，记账过程中不会出现数据转抄错误，因此会计电算化方式下不需要进行账证、账账核对。

4. 内部控制多样化

在会计电算化方式下，与会计工作相关的内部控制制度也将发生明显的变化，内部控制由过去的纯粹人工控制发展成为人工与计算机相结合的控制形式。内部控制的内容更加丰富，范围更加广泛，要求更加明确，实施更加有效。

（三）会计电算化的产生和发展

1. 会计电算化的产生

1954 年，美国通用电气公司运用计算机进行工资数据的计算处理，揭开了人类利用计算机进行会计数据处理的序幕。我国 1979 年首次在长春第一汽车制造厂进行计算机在会计中的应用试点工作。

2. 会计电算化的发展

依据划分标准不同，会计电算化的发展阶段亦不相同。本书以会计软件的发展应用为参照，介绍会计电算化的发展过程。

（1）模拟手工记账的探索起步阶段。我国的会计电算化是从 20 世纪 80 年代起步的，当时的会计电算化工作主要处于实验试点和理论研究阶段，这一阶段的主要内容是利用计算机代替手工处理大量数据，实质是将电子计算机作为一个高级的计算工具用于会计领域。

此阶段主要是实现会计核算电算化，是会计电算化的初级阶段。利用计算机模拟手工记账，不仅模拟手工环境的会计循环，而且模拟手工环境的数据输出形式，利用计算机完成单项会计核算任务，缺乏信息共享。

（2）与其他业务结合的推广发展阶段。进入 20 世纪 90 年代后，企业开始将单项会计核算业务整合、扩展为全面电算化。引入更多的会计核算子系统，形成了一套完整的会计核算软件系统，包括账务处理子系统、报表处理子系统、往来管理子系统、工资核算子系统、固定资产核算子系统、材料核算子系统、成本核算子系统、销售核算子系统等。企业积极研究对传统会计组织和业务处理流程的重新调整，实现企业内部以会计核算系统为核心的信息集成化，在企业组织内部实现会计信息和业务信息的一体化，并在两者之间实现无缝联合。

（3）引入会计专业判断的渗透融合阶段。我国顺应新形式的要求，于2006年2月建立了与国际准则趋同的企业会计准则体系，该体系引入会计专业判断的要求。同时，新准则审慎引入公允价值等计量基础，对会计电算化工作提出了新的要求。企业和会计软件开发商紧密围绕会计准则和会计制度，通过与会计电算化工作的不断调整、渗透和融合，逐步完成从单机应用向局域网应用的转变，尝试建立以会计电算化为核心的管理信息系统[①]。

此阶段是会计电算化发展的高级阶段，目的是实现会计管理的电算化。这一阶段是在会计核算电算化的基础上，结合其他数据和信息，借助于决策支持系统的理论和方法，帮助决策者制定科学的决策方案。

（4）与内控相结合建立 ERP 系统的集成管理阶段。2008年6月，财政部、审计署、银监会、证监会、保监会、国资委等六部委联合发布了《企业内部控制基本规范》，这标志着我国企业内部控制规范建设取得了更大突破和阶段性成果，是我国企业内部控制建设的一个重要里程碑。内部控制分为内部会计控制和内部管理控制。内部会计控制是指单位为了提高会计信息质量，保护资产的安全完整，确保有关法律法规和规章制度的贯彻执行而制定和实施的一系列控制方法、措施和程序。

随着现代企业制度的建立和内部管理的现代化，单纯依靠会计控制已难以应对企业面对的内、外部风险，会计控制必须向全面控制发展，传统的会计软件已不能完全满足单位会计信息化的要求，逐步向与流程管理相结合的 ERP 方向发展。

与内控相结合的 ERP 系统的集成管理，实现了会计管理和会计工作的信息化。目前这一阶段尚在进行中，但已经取得了令人瞩目的成果。有的大型企业已经利用与内控相结合的 ERP 系统，成功地将全部报表编制工作集中到总部一级。

二、会计信息化

从会计电算化的发展过程可以看出，会计软件的功能越来越强大，由最初的核算功能向管理功能、决策功能发展，会计处理上实现了财务业务一体化处理，进而实现了与内部控制的高度融合，工作重点由会计核算转向会计管理；会计工作的物质载体也由当初的电子计算机发展到计算机和网络通信为代表的信息技术，伴随着电子商务的飞速发展，会计的一些方法技术也随之发生了变化。这些变化的内容都超出了当初会计电算化的内涵，而与当今信息化环境紧密相关。1999年4月，在深圳召开的"会计信息化理论专家座谈会"

---

① 蒋占华. 最新管理会计学［M］. 北京：中国财政经济出版社，2014.

上，与会专家提出了"会计信息化"的概念。国家重视会计信息化建设，2009年4月12日，财政部以财会〔2009〕6号文件形式印发了《财政部关于全面推进我国会计信息化工作的指导意见》；2013年12月6日，财政部以财会〔2013〕20号文件形式印发了《企业会计信息化工作规范》。相关文件提出了要促进会计信息化建设，并对企业开展会计信息化做出具体规定。

会计信息化，是指企业利用计算机、网络通信等现代信息技术手段开展会计核算，以及利用上述技术手段将会计核算与其他经营管理活动有机结合的过程。

三、会计信息系统

（一）会计信息系统的概念

会计信息系统（Accounting Information System，AIS）是指利用信息技术对会计数据进行采集、存储和处理，完成会计核算任务，并提供会计管理、分析与决策相关会计信息的系统。

（二）会计信息系统的构成要素

会计信息系统是一个人机结合的系统，该系统由人员、计算机硬件、计算机软件和会计规范等基本要素组成。

1. 计算机硬件

计算机硬件是指进行会计数据输入、处理、存储及输出的各种电子设备。如输入设备有键盘、鼠标、光电扫描仪、条形码扫描仪、POS机、语音输入设备等；处理设备有计算机主机；存储设备包括内存储器和外存储器，其中内存储器包括随机存储器和只读存储器，外存储器包括硬盘、U盘、光盘等；输出设备有显示器、打印机等。网卡、网线、数据交换机等电子设备也属于计算机硬件范围。

2. 计算机软件

计算机软件是指系统软件和应用软件。系统软件是用来控制计算机运行，管理计算机的各种资源，并为应用软件的运行提供支持和服务的软件。系统软件是计算机系统必备的软件，如Windows操作系统、数据库管理系统，是保证会计信息系统正常运行的基础软件；应用软件是在硬件和系统软件支持下，为解决各类具体应用问题而编制的软件。如Microsoft Office软件、会计软件等。会计软件是专门用于会计核算与会计管理的软件，没有会计软件就不能称之为会计信息系统。

3. 人员

人员是指会计信息系统的使用人员和管理人员。包括会计主管、系统开发人员、系统维护人员、软件操作员等。人员是会计信息系统中的一个重要因素，如果没有一支高水平、高素质的会计人员和系统管理人员，硬件、系统软件、会计软件再好，整个系统也难以稳定、正常地运行。

4. 会计规范

会计规范是指保证会计信息系统正常运行的各种法律、法规及单位规章制度。如《中华人民共和国会计法》《企业会计准则》及单位内部制定的硬件管理制度、内部控制制度等。

四、会计软件

（一）会计软件的概念

会计软件，是指企业使用的，专门用于会计核算、财务管理的计算机软件、软件系统或者其功能模块，包括一组指挥计算机进行会计核算与管理工作的程序、存储数据以及有关资料。例如，会计软件中的总账模块，不仅包括指挥计算机进行账务处理的程序、基本数据（如会计科目、凭证等），而且也包括软件使用手册等有关技术资料。

（二）会计软件的功能

（1）为会计核算、财务管理直接采集数据。
（2）生成会计凭证、账簿、报表等会计资料。
（3）对会计资料进行转换、输出、分析、利用。
对会计软件的详细解释，可参阅"第二章企业会计信息化工作规范"中会计软件部分的内容。

（三）会计软件的分类

1. 按适用范围分类

按适用范围，会计软件分为通用会计软件和专用会计软件。通用会计软件是指软件公司为会计工作而专门设计开发，并以产品形式投入市场的应用软件。专用会计软件是指专门满足某一单位使用的会计软件。

2. 按会计信息共享程度分类

按会计信息共享程度，会计软件分为单用户会计软件和网络与多用户会计软件。单用户会计软件是指将会计软件安装在一台或几台计算机上，每台计算机上的会计软件单独运行，生成的会计数据不能在计算机之间进行交换和共享的会计软件。网络与多用户会计软件是指不同工作站或终端上的会计人员可以共享会计信息，通过各用户之间资料共享，保证资料一致性的会计软件。

3. 按功能和管理层次的高低分类

按功能和管理层次的高低，会计软件分为核算型会计软件、管理型会计软件、决策型会计软件。核算型会计软件是指主要具备会计的日常业务核算功能的会计软件，如完成账务处理、薪资核算、固定资产核算、应收（付）款核算、报表编制等功能，会计核算功能是会计软件最基本的功能。管理型会计软件是在核算型会计软件基础上发展起来的，除了具备会计核算功能，还包括会计管理控制功能的会计软件，如资金管理、成本控制、预算控制等功能。决策型会计软件是在管理型会计软件的基础上，具备预测、决策等功能的会计软件，如本量利分析、资金和成本预测、投资决策等功能。

五、ERP 的概念

ERP 是企业资源计划（Enterprise Resource Planning）的简称，是指利用信息技术，将企业内部所有资源整合在一起，对开发设计、采购、生产、成本、库存、分销、运输、财务、人力资源、品质管理进行规划，同时将企业与外部的供应商、客户等市场要素有机结合，实现对企业的物质资源（物流）、人力资源（人流）、财务资源（财流）和信息资源（信息流）等资源进行一体化管理（即"四流一体化"或"四流合一"）的管理平台。其核心思想是供应链管理，强调对整个供应链的有效管理，提高企业配置和使用资源的效率。

ERP 是由美国著名咨询管理公司 Gartner Group Inc. 于 1990 年提出，最初被定义为应用软件，其迅速为全世界商业企业所接受，现已经发展成为现代企业管理理论之一。

在功能层次上，ERP 除了最核心的财务、分销和生产管理等功能外，还集成了人力资源、质量管理、决策支持等企业其他管理功能。会计信息系统已经成为 ERP 系统的一个子系统。

六、XBRL 的作用、优势和发展历程

（一）XBRL 的概念

XBRL 是可扩展商业报告语言（eXtensible Business Reporting Language）的简称，是一种基于可扩展标记语言（Extensible Markup Language）的开放性业务报告技术标准。

XBRL 是基于互联网和跨平台操作为基础，专门用于财务报告编制、披露和使用的计算机语言，基本实现了数据的集成与最大化利用以及资料共享，是国际上将会计准则与计算机语言相结合，用于非结构化数据，尤其是财务信息交换的最新公认标准和技术。通过对数据统一进行特定的识别和分类，可直接被使用者或其他软件读取及进一步处理，实现

一次录入多次使用。

（二）XBRL 的作用与优势

XBRL 的主要作用在于将财务和商业数据电子化，促进了财务和商业信息的显示、分析和传递。XBRL 通过定义统一的数据格式标准，规定了企业报告信息的表达方法。会计信息生产者和使用者可以通过 XBRL，在互联网上有效处理各种信息，并且迅速将信息转化成各种形式的文件。

企业应用 XBRL 的优势主要表现在以下方面：

（1）能够提供更精确的财务报告与更具有可信度和相关性的信息。

（2）能够降低数据采集成本，提高数据流转及交换效率。

（3）能够帮助数据使用者更快捷方便地调用、读取和分析数据。

（4）能够使财务数据具有更广泛的可比性。

（5）能够增加资料在未来的可读性与可维护性。

（6）能够适应变化的会计准则的要求。

第三节　信息技术环境下会计人员的价值取向

与手工环境相比，在现代信息技术环境下从事会计工作的会计人员价值取向发生了很大的变化。

一、会计人员角色和职能的变化

首先，信息技术的应用彻底改变了会计工作者的处理工具和手段。由于大量的核算工作实现自动化，所以会计人员的工作重点将从事中记账算账、事后报账转向事先预测、规划，事中控制、监督，事后分析及决策的一种全新的管理模式。

其次，在信息技术环境下，会计人员要承担企业内部管理员的职责。并且随着外部客户对会计信息需求的增长，会计人员应及时地向外传递会计信息，为社会、债权人、投资者、供应商和客户、兄弟行业及政府管理部门等一切会计委托和受托者负责披露会计信息，提供职业化的会计和财务咨询服务。

最后，在信息技术环境下，会计人员不再仅仅是客观地反映会计信息，而且应使会计信息增值和创造更高的效能。特别是由于会计人员对企业业务流程有独到理解，并具有组织会计和财务信息的高超技艺。他们可以参与企业战略和计划的辅助决策，将注意力更多地集中到分析工作而不只是提供会计和财务数据，其作用更多地体现在通过财务控制分析参与企业综合管理和提供专业决策。换言之，未来的会计师们将是企业经理的最佳候选人之一。

二、会计人员和会计信息系统关系的变化

与手工环境相比，在信息技术环境下，会计人员不仅是会计信息系统的信息提供者和使用者，同时还是会计信息系统所反映的各种业务活动规则、控制规则和信息规则的制定者和会计信息系统的维护者。会计人员职责将得到大大地提升，主要表现在如下几个方面。

（一）科学使用会计信息系统的会计信息

在现代信息技术环境下，特别是在网络环境下，会计人员可以通过内联网（Intranet）、外联网（Extra net）和因特网（Internet）按事先制定的业务活动规则和权限来控制从采购、仓储、生产和销售等环节财会数据的实时采集。此时客观上就要求会计人员能够准确地分析数据，并提出科学的分析结论和决策方案，工作重心转移到对会计数据管理监控、分析和财务决策上。

（二）制定各种业务活动、会计控制和会计信息的规则

为了使财会人员能科学地使用财会信息，一个重要的前提是在会计信息系统实施中，会计人员应与业务人员协作共同完成业务流程的优化或重组，并根据会计管理的需求制定各种会计控制和会计信息规则。

（三）会计信息系统的维护

随着管理理念和信息技术的不断发展，会计信息系统也应不断地在维护中实现其自身的动态变革。与信息技术人员不同，会计人员对会计信息系统的维护重点表现在如下方面。

（1）根据会计管理变革的新需求，提出对会计控制规则和会计信息规则变革的新需求。

（2）协助信息技术人员正确理解、抽象和描述上述规则。

（3）在信息技术人员完成规则变革的信息设计后，会计人员对会计信息系统的新功能进行验收评测。

三、会计人员能力需求和知识结构的变化

为了使会计人员能胜任信息技术环境下的职责，对会计人员的能力和素质的需求也发生了变化。

（一）能力需求

在信息技术环境下，常规且结构化的会计核算和财务管理等工作将由基于信息技术的信息系统完成。会计人员应更多地从事那些非结构化且非常规的会计业务，并完成评价信息系统及其资源的工作，因此未来的会计人员应具备如下 5 种能力。

1. 沟通技能

会计人员不仅能提供信息，而且能与企业高层领导和其他管理者交换信息，建立有意义的关系。

2. 战略性和关键性的思考能力

能够将会计数据、信息、知识和智慧联系起来以提出高质量的建议。

3. 关注企业客户和市场的发展

能够比竞争对手提供更好的、满足客户不断变化需求的建议①。

4. 为关联信息提供科学解释

能够为互相有内在联系的会计、财务及非财务信息提供科学解释。

5. 技术熟练

能够熟练地利用会计和信息技术，并推动信息技术在会计工作中的应用，制定会计信息化实施的各种规则。

（二）会计人员应具备的知识体系

信息技术用于会计工作中所涉及理论和方法学具有很强的综合性，它涵盖如下多门学科的相关知识。

（1）管理科学：一般管理学和经济管理学，包括会计学、财务管理和审计学等。

（2）信息技术科学：计算机软硬件技术、网络通信技术、数据库技术和多媒体技术等。

（3）信息系统理论和方法科学：老三论，即系统论、控制论和信息论；新三论，即耗散结构论、突变论和协同论，以及行为科学等。

（4）信息系统实施和管理科学：软件工程、项目管理、IT 治理、工程监理和评估等。对于会计人员及从事会计信息化的人员而言，由于角色不同，上述各知识点的掌握要求也不同。

---

① 欧阳征，陈博宇，邓单月. 大数据时代下企业财务管理的创新研究［J］. 企业技术开发，2015，34（10）：83-85.

（三）会计人员的价值取向

会计人员为保持其自身的价值，必须做到如下方面。

（1）建立持续教育和终生学习的信念，会计人员应该得到持续教育，而不仅仅是通过资格认证。

（2）保持自身的竞争力，能够熟练并有效率地完成工作。

（3）应恪守职业道德，坚持会计职业的正直及客观性。

第四节　财务会计概述

一、财务会计的含义及与管理会计的不同

现代财务会计是以会计规范为指导，运用一系列专门的技术与方法，对企业资金运动进行全面反映、监督与控制，以便向会计信息使用者提供企业相关财务会计信息的对外报告会计。

从社会属性上讲，财务会计是一种管理活动，即会计的功能总是通过会计人员从事的多种形式的管理活动实现的。从自然属性上讲，会计是一门计量的技术和信息系统，即将会计看成是一个以提供财务信息为主的管理信息系统，是一个经济组织中整个经营管理系统的组成部分，并且强调会计的目标是向预定的会计信息使用者提供其进行经营决策所需的信息。

会计信息按其使用者可分为财务会计和管理会计，两者互相配合并共同服务于市场经济条件下的现代企业。管理会计是企业为了加强内部经营管理，提高企业经济效益，在企业经营管理过程中直接发挥作用的会计。管理会计的主要任务是向企业管理者提供内部经营管理和经营决策的会计信息，也称内部会计。

与旨在向企业内部管理层提供经营决策所需信息的管理会计不同，财务会计旨在向企业外部的投资者、债权人和其他与企业有利害关系的外部集团提供投资决策、信贷决策和其他类似决策所需的会计信息。这种会计信息最终表现为通用的财务会计报告。将财务会计与管理会计进行比较，可以发现两者存在以下几点不同：

（1）财务会计以对外报告信息为主要目标。财务会计的主要目标是向企业的外部使用者提供会计信息，外部使用者包括投资者、债权人、社会公众和政府部门等。从信息的用途看，主要是利用信息了解企业的财务状况和经营成果等。而管理会计的目标侧重于规划未来，对企业的重大经营活动进行预测和决策，以及加强事中控制等。

（2）财务会计以公认的会计规范为指导。公认的会计规范是指导财务会计工作的原

则，是处理会计业务的规范。如我国现行的企业会计准则，包括基本会计准则和具体会计准则；国际会计准则委员会制定的国际会计准则或国际财务报告准则等。而管理会计则不必严格遵守公认的会计规范。

（3）财务会计以一系列的专门技术与方法进行会计处理和信息加工。财务会计对象经过处理，即确认、计量、记录，最终会形成财务报表。财务会计遵循"凭证→账簿→报表"这一会计模式，并运用了一系列专门的技术与方法，例如，收入与费用的确认以权责发生制为基础；记录要依据复式记账法；计量遵循历史成本等计量属性，等等。管理会计所用的会计方法比较灵活，视具体情况而定，一般不遵循固定的会计模式。

（4）财务会计对数据要求严格。财务会计对数据的正确性要求比较严格，各项数据之间存在关系。而管理会计大多强调数据的决策有用性，对于数据的正确性及关系的要求，不如财务会计严格。

二、财务会计的目标

财务会计的目标是指财务会计要达到的最终目的和要求。财务会计的目标也称财务报告目标或财务会计的目的。财务会计目标的定位，有两种不同的观念，即受托责任观和决策有用观。

（一）受托责任观

受托责任观认为，财务报告的目标应当反映企业管理层受托责任的履行情况，以有助于外部投资者和债权人等评价企业的经营管理责任和资源使用的有效性。

现代企业制度强调企业所有权与经营权相分离，企业管理层是受委托经营管理企业的，因此其对企业及其各项资产负有受托责任。即企业管理层所经营管理的企业的各项资产基本上均由投资者投入的资本或者向债权人借入的资金所形成，企业管理层有责任妥善保管并合理、有效地运用这些资产。企业投资者和债权人等也需要及时或者经常性地了解企业管理层保管、使用资产的情况，以便评价企业管理层的受托责任履行情况和经营业绩，并决定是否需要调整投资或者信贷政策，是否需要加强企业内部控制和其他制度建设，是否需要更换管理层等。因此，在受托责任观下，将反映受托责任的履行情况作为财务会计的主要目标。

（二）决策有用观

决策有用观认为，企业财务会计的目标就是向会计信息的使用者提供与其作出经济决策相关的信息。根据对投资者决策有用的目标，财务报告所提供的信息应当如实反映企业拥有或者控制的经济资源、对经济资源的要求权以及经济资源及其要求权的变化情况；如实反映企业的各项收入、费用、利得和损失的金额及其变动情况；如实反映企业各项经营活动、投资活动和筹资活动等所形成的现金流入和现金流出情况等，从而有助于现在的或者潜在的投资者正确、合理地评价企业的资产质量、偿债能力、盈利能力和营运效率等；有助于投资者根据相关会计信息作出理性的投资决策；有助于投资者评估与投资有关的未来现金流量的金额、时间和风险等。因此，在决策有用观下，将向会计信息使用者提供决策有用的信息作为财务会计的主要目标。

我国《企业会计准则——基本准则》第四条规定："财务会计报告的目标是向财务会计报告使用者提供与企业财务状况、经营成果和现金流量等有关的会计信息，反映企业管理层受托责任履行情况，有助于财务会计报告使用者作出经济决策。"其中，财务报告使用者主要包括投资者、债权人、政府及其有关部门和社会公众等。满足投资者的信息需要是企业财务报告编制的首要出发点。将投资者作为企业财务报告的首要使用者，凸显了投资者的地位，体现了维护投资者利益的要求，是市场经济发展的必然。

除了投资者之外，企业财务报告的使用者还有债权人、政府及其有关部门、社会公众等。例如，企业贷款人、供应商等债权人通常十分关心企业的偿债能力和财务风险，需要相关信息来评估企业能否如期支付贷款本金及其利息，能否如期支付所欠购货款等；政府及其有关部门作为经济管理部门，需要相关信息来监管企业的有关活动、制定税收政策、进行税收征管和国民经济统计等；社会公众也关心企业的生产经营活动及其影响，包括企业对地方经济做出的贡献等。

我国的财务报告目标要求满足投资者等信息使用者决策的需要，体现了决策有用观；财务报告目标还要求反映企业管理层受托责任的履行情况，体现了受托责任观，可见财务报告的决策有用观与受托责任观是一致的。投资者出资委托管理层经营，希望获得更多的投资回报，实现股东财富的最大化，从而进行可持续投资；企业管理层接受投资者的委托从事生产经营活动，努力实现资产安全完整、保值增值，防范风险，促进企业可持续发展，这样就能够更好地持续履行受托责任，为投资者提供回报，为社会创造价值，从而达到企业经营者的目标。

三、财务会计的规范

财务会计的规范是指财务会计的标准。我国现行的财务会计标准就是指企业会计准则①。2006 年 2 月 15 日，财政部发布了《企业会计准则——基本准则》和 38 项具体会计准则。财政部于 2014 年陆续修订、制定 7 项具体准则，其中，制定了《企业会计准则第 39 号——公允价值计量》《企业会计准则第 40 号——合营安排》《企业会计准则第 41 号——在其他主体中权益的披露》3 项具体准则；修订印发了《企业会计准则第 2 号——长期股权投资》《企业会计准则第 8 号——职工薪酬》《企业会计准则第 30 号——财务报表

---

① 陈丽君. 面向中小企业的高职《财务管理》课程项目化教学设计研究 ［J］. 工商，2014，2（3）：351-352.

列报》《企业会计准则第33号——合并财务报表》4项具体准则；7项具体准则自2014年7月1日起施行。我国会计准则属于法规体系的组成部分。我国的法规体系通常由法律、行政法规、部门规章和规范性文件四个部分构成。我国的基本会计准则属于部门规章，具体会计准则属于规范性文件。

基本准则是企业会计准则体系的概念基础，是具体准则的制定依据。基本准则规范了财务报告目标、会计基本假设、会计信息质量要求、会计要素的定义及其确认与计量原则、财务报告等基本问题，是制定具体准则的基础，对各项具体准则的制定起着统驭作用，可以确保各项具体准则的内在一致性。同时基本准则为会计实务中出现的、具体准则尚未规范的新问题提供了会计处理依据。

第五节　财务会计的基本前提

财务会计的基本前提，也称财务会计基本假设或会计假设，它是财务会计进行确认、计量和报告的前提，是对财务会计核算所处时间、空间环境等所作的合理设定。财务会计的基本前提包括会计主体、持续经营、会计分期和货币计量。

一、会计主体

会计主体是指财务会计为之服务的特定单位，是会计工作特定的空间范围，即企业财务会计确认、计量和报告的空间范围。为了向信息使用者反映企业财务状况、经营成果和现金流量，提供与其决策相关的有用的信息，企业应当对其本身发生的交易或者事项进行会计确认、计量和报告，反映企业本身所从事的各项生产经营活动。明确界定会计主体是进行会计确认、计量和报告工作的重要前提。

在会计实务中，只有那些影响企业本身经济利益的各项交易或事项才能加以确认、计量和报告，例如，通常所讲的资产、负债的确认，收入的实现，费用的发生等，都是针对特定会计主体而言的。

会计主体不同于法律主体。一般而言，法律主体必然是会计主体，但会计主体不一定是法律主体。例如，一个企业作为一个法律主体，应当建立财务会计系统，独立反映其财务状况、经营成果和现金流量。但企业集团中的母公司拥有若干子公司，母、子公司虽然是不同的法律主体，但是母公司对子公司拥有控制权，为了全面反映企业集团的财务状况、经营成果和现金流量，将企业集团作为一个会计主体，编制合并财务报表，在这种情况下，企业集团虽然不属于法律主体，却是会计主体。

二、持续经营

持续经营是指在可以预见的将来，企业将会按当前的规模和状态继续经营下去，不会停业，也不会大规模削减业务，会计的出发点是预测企业的经营现状不会改变。在持续经营的前提下，会计确认、计量和报告应当以企业持续、正常的生产经营活动为前提。在这个前提下，各项资产必须按正常的实际成本计价，各项负债和企业的所有者权益，也要按正常情况计价处理。

当一个企业不能持续经营时就应当停止使用这个假设，否则就不能客观地反映企业的财务状况、经营成果和现金流量，从而误导会计信息使用者的经济决策。

三、会计分期

会计分期是指将一个企业持续经营的生产经营活动划分为一个个连续的、长短相同的期间。按年划分的称为会计年度，年度以内还可以分为季度、月度。会计分期的目的在于通过会计期间的划分，将持续经营的生产经营活动划分成连续、相等的期间，据以结算盈亏，按期编报财务报告，从而及时向财务报告使用者提供有关企业财务状况、经营成果和现金流量的信息。

根据持续经营假设，一个企业将按当前的规模和状态持续经营下去。进行会计分期有利于提高会计信息的及时性，满足信息使用者决策的需要。我国企业会计准则规定，企业应当划分会计期间，分期结算账目和编制财务会计报告。会计期间分为年度和中期。中期是短于一个完整会计年度的报告期间。

四、货币计量

货币计量是指会计主体在财务会计确认、计量和报告时以货币作为计量尺度，反映会计主体的生产经营活动①。

企业的各种财产物资各有其不同的物质表现形态，计量单位各不相同，如汽车以辆计，船舶以艘计等。在会计工作中，用具有一般等价物性质的货币来统一计量，可以使各类不同质的财产物资相加减，可以使收入、费用相配比，这样才能全面反映企业的生产经营情况，所以，基本准则规定，会计确认、计量和报告应选择货币作为计量单位。

货币计量也有其缺陷，就是它把那些不能用货币度量的因素排除在了会计系统之外，如企业管理水平、人力资源、研发能力、市场竞争力等。

货币作为一种特殊商品，它本身的价值应当稳定不变，或者即使有所变动，其变动幅度也被认为是微不足道的。如果币值不稳定，以货币计量的会计信息的可信度就会下降。尽管中外会计学者对此问题已经加以重视，但至今尚无好的解决办法。

---

① 魏洁. 基于业务技能培养的财务管理课程教学改革的探讨［J］. 邢台学院学报，2014，3（9）：155-157.

第六节 财务会计信息的质量要求

由于财务会计信息是以财务报告的形式对外呈报的,其目标是向信息使用者提供与企业有关的会计信息,以帮助信息使用者作出经济决策。因此,保证财务会计信息的有用性,是编制财务报告最直接的目的。为了更好地达成财务会计的目的,会计人员必须提高会计信息质量,并了解高质量会计信息应具备的品质。

我国基本准则规定了财务会计信息质量要求的基本规范,其内容包括可靠性、相关性、可理解性、可比性、实质重于形式、重要性、谨慎性和及时性等。其中,可靠性、相关性、可理解性和可比性是财务会计信息的主要质量要求,是企业财务报告中所提供的会计信息应具备的基本质量特征;实质重于形式、重要性、谨慎性和及时性是财务会计信息的次要质量要求,是对可靠性、相关性、可理解性和可比性等主要质量要求的补充和完善。

一、财务会计信息的主要质量要求

(一) 可靠性

可靠性是指确保财务会计信息免于偏差和错误,能忠实反映现状的质量。可靠性要求企业应当以实际发生的交易或者事项为依据进行确认、计量和报告,如实反映符合确认和计量要求的各项会计要素的信息,保证财务会计信息真实可靠、内容完整。为了达到财务会计信息质量可靠的要求,不得根据虚构的、没有发生的或者尚未发生的交易或者事项进行确认、计量和报告;不能随意遗漏或者减少应予以披露的信息,应当充分披露与使用者决策相关的有用信息;企业财务报告中的财务会计信息应当是中立的、无偏的。

可靠性是高质量会计信息的重要基础和关键所在,如果企业以虚假的经济业务进行确认、计量、报告,就属于违法行为,不仅会严重损害财务会计信息质量,而且会误导投资者,干扰资本市场,导致会计秩序混乱。

(二) 相关性

相关性是指财务会计信息与决策有关,具有改变决策或导致决策差异的能力。相关性要求企业提供的财务会计信息应当与投资者等信息使用者的经济决策需要相关,有助于投资者等信息使用者对企业过去、现在或者未来的情况作出评价或者预测。

相关的财务会计信息应具有反馈价值,即有助于信息使用者评价企业过去的决策,证实或者修正过去的有关预测;相关的财务会计信息还应当具有预测价值,即有助于信息使用者根据所提供的财务会计信息，预测企业未来的财务状况、经营成果和现金流量。

（三）可理解性

财务会计信息能否为信息使用者所理解，取决于信息本身是否易懂和决策者的能力。可理解性要求企业提供的财务会计信息应当清晰明了，便于投资者等信息使用者理解和使用。

企业提供财务会计信息的目的在于使用，企业提供的财务会计信息只有清晰明了，易于理解，才能提高财务会计信息的有用性，满足信息使用者决策的需求。信息使用者通过阅读、分析、使用财务会计信息，了解了企业过去、现在及未来的发展趋势，才能做出科学决策。

可理解性不仅是财务会计信息的一项质量要求，同时也是与信息使用者有关的质量要求。会计人员应尽可能使财务会计信息易于理解，而信息使用者也应设法提高理解信息的能力，这样财务会计信息才能发挥最大的作用。

（四）可比性

可比性是指能使信息使用者从两组经济情况中区别出异同的财务会计信息的质量特征。即当经济情况相同时，财务会计信息能反映相同的情况；当经济情况不同时，财务会计信息能反映出差异。可比性包括横向可比和纵向可比两个方面。

横向可比是指不同企业相同会计期间的可比。即要求不同企业同一会计期间发生的相同或者相似的交易或者事项，应当采用相同的会计政策，确保财务会计信息口径一致、相互可比，以使不同企业按照一致的确认、计量和报告要求提供有关会计信息。

纵向可比是指同一企业不同时期的可比。即要求同一企业不同时期发生的相同或者相似的交易或者事项，应当采用相同的会计政策，并且不得随意变更。但是，满足会计信息可比性要求，并非表明企业不得变更会计政策，如果按照规定或者在会计政策变更后可以提供更可靠、更相关的会计信息，企业也可以变更会计政策。

二、财务会计信息的次要质量要求

（一）实质重于形式

实质重于形式是指企业按照交易或者事项的经济实质进行会计处理的质量特征。即要求企业应当按照交易或者事项的经济实质进行会计确认、计量和报告，不应仅以交易或者事项的法律形式为依据进行会计处理。

在多数情况下，企业发生的交易或事项的经济实质和法律形式是一致的，但在有些情况下两者也会出现不一致。例如，企业按照销售合同销售商品但又签订了售后回购协议，虽然从法律形式上看实现了收入，但如果企业没有将商品所有权上的主要风险和报酬转移给购货方，没有满足收入确认的各项条件，即使签订了商品销售合同或者已将商品交付给购货方，也不应当确认销售收入。

又如，企业融资租入固定资产，固定资产在租赁期内的款项并未付清，从法律形式上看，设备的所有权并没有完全转移给租入方；但从经济实质上看，租入方已经控制并已实际使用该项固定资产，并为企业带来了相应的经济利益，符合资产要素的本质特征，企业就可以将其确认为资产[①]。

（二）重要性

重要性是指当某项财务会计信息出现不正确的表达或遗漏时，可能会影响信息使用者作出判断。重要性要求企业提供的会计信息应当反映与企业财务状况、经营成果和现金流量有关的所有重要交易或者事项。

如果企业提供的财务会计信息的错报或省略会影响信息使用者据此做出决策，那么该信息就具有重要性。重要性的应用需要依赖职业判断，企业应当根据其所处环境和实际情况加以判断。例如，5万元的损失在小公司可能很重要，在大公司则可能不重要。

（三）谨慎性

谨慎性是指企业对不确定的结果，应确认可能的损失，而不确认可能的收益。谨慎性要求企业在对交易或者事项进行会计确认、计量和报告时保持应有的谨慎，不应高估资产或者收益，也不应低估负债或者费用。

企业的生产经营活动面临着许多风险和不确定性，例如，应收款项能否如数收回、固定资产和无形资产的使用寿命、售出商品可能发生的退货或者返修等。谨慎性要求会计人员在做出职业判断时，应当保持应有的谨慎，充分估计到各种风险和损失，既不高估资产或者收益，也不低估负债或者费用。例如，对于企业发生的或有事项，通常不能确认或有资产，只有当相关经济利益基本确定能够流入企业时，才能作为资产予以确认；相反，当相关的经济利益很可能流出企业而且构成现时义务时，应当及时确认为预计负债，这就体现了会计信息质量的谨慎性要求。

（四）及时性

及时性要求企业对于已经发生的交易或者事项，应当及时进行确认、计量和报告，不得提前或者延后。财务会计信息如果不及时提供，即使质量再好，也已失去时效性，对于使用者的效用就会大大降低，甚至不再具有实际意义。

---

① 周雪梅. 浅析中小企业财务管理［J］. 商场现代化，2014，30（5）：229-230.

财务会计信息的价值在于帮助信息使用者做出经济决策，具有时效性。及时性要求企业在经济交易或者事项发生后，及时收集整理各种原始单据或者凭证；及时对经济交易或者事项进行确认、计量，并编制财务报告；及时地将编制的财务报告传递给信息使用者，便于其及时使用和决策。

第七节　财务会计的基本要素

一、财务会计要素的内容

财务会计要素是对财务会计对象的基本分类，分类的基础应服从于财务报告的目标。我国企业会计准则将财务会计要素分为资产、负债、所有者权益、收入、费用和利润。

（一）反映企业财务状况的要素

财务会计以下列公式反映企业在一定日期的财务状况：

资产＝负债＋所有者权益

（1）资产。资产是指企业过去的交易或者事项形成的、由企业拥有或者控制的、预期会给企业带来经济利益的资源。资产具有以下特征：

1）资产是由企业过去的交易或者事项形成的。过去的交易或者事项是指企业已经发生的交易或者事项（如购买材料、生产产品等），也就是说，只有过去的交易或者事项才可能形成资产，企业预期在未来发生的交易或者事项不会形成资产。例如，企业有购买某类存货的意愿，但是购买行为尚未发生，预期可能增加的存货不符合资产的这一特征，也就不能确认为企业的资产。

2）资产是由企业拥有或者控制的资源。由企业拥有或者控制的资源，是指企业享有某项资源的所有权，或者虽然不享有某项资源的所有权，但该资源能被企业所控制。

企业享有资产的所有权，通常会从该项资产中获取经济利益。有些情况下，虽然企业并不享有其所有权，但企业控制了这些资产，同样表明企业能够从该资产中获取经济利益，符合资产的定义。例如，融资租入的固定资产，尽管企业在租赁期内并不拥有其所有权，但企业控制了该资产的使用及其所能带来的经济利益，应当将其作为企业资产予以确认、计量和报告。

3）资产预期会给企业带来经济利益。资产预期会给企业带来经济利益，是指资产直接或者间接导致现金流入企业的潜力。例如，企业采购的原材料用于生产经营过程，生产出商品并对外出售后收回货款，即为企业所获得的经济利益。

（2）负债。负债是指企业过去的交易或者事项形成的，预期会导致经济利益流出企业的现时义务。负债具有以下特征：

1）负债是由企业过去的交易或者事项形成的。负债应当由企业过去的交易或者事项形成，也就是说，只有过去的交易或者事项才可能形成负债，企业将在未来发生的承诺、签订的合同等交易或者事项，不会形成负债。

2）负债预期会导致经济利益流出企业。预期会导致经济利益流出企业，是指只有企业在履行义务时会导致经济利益流出企业的，才符合负债的定义，如果不会导致企业经济利益流出，就不符合负债的定义。

3）负债是企业承担的现时义务。企业承担的现时义务是指企业在现有条件下已承担的义务。未来发生的交易或者事项形成的义务不属于现时义务，不应当确认为负债。

（3）所有者权益。所有者权益是指企业资产扣除负债后应由所有者享有的剩余权益。它是从企业资产中扣除债权人权益后应由所有者享有的部分。

所有者权益的来源包括所有者投入的资本、直接计入所有者权益的利得和损失、留存收益等，通常由实收资本（或股本）、资本公积、盈余公积和未分配利润构成。其中，所有者投入的资本是指所有者投入企业的资本部分，它既包括构成企业注册资本或者股本部分的金额，也包括投入资本超过注册资本或者股本部分的金额，即资本溢价或者股本溢价。

直接计入所有者权益的利得和损失，是指不应计入当期损益、会导致所有者权益发生增减变动的、与所有者投入资本或者向所有者分配利润无关的利得或者损失。

其中，利得或损失是指由企业非日常活动所形成的、会导致所有者权益增加或减少的、与所有者投入资本无关的经济利益的流入或流出。利得或损失包括直接计入所有者权益的利得或损失，以及直接计入当期利润的利得或损失。例如，可供出售金融资产的公允价值变动额就是直接计入所有者权益的利得或损失。

留存收益是企业历年实现的净利润留存于企业的部分，主要包括累计计提的盈余公积和未分配利润。

（二）反映经营成果的要素

（1）收入。收入是指企业在日常活动中形成的、会导致所有者权益增加的、与所有者投入资本无关的经济利益的总流入。收入具有以下特征：

1）收入是企业在日常活动中形成的。日常活动是指企业为完成其经营目标所从事的经常性活动以及与之相关的活动。例如，制造企业制造并销售产品、商业企业销售商品、咨询公司提供咨询服务、安装公司提供安装服务、商业银行对外贷款等，均属于企业的日常活动。只有日常活动所形成的经济利益的流入才可以确认为收入，反之，非日常活动所形成的经济利益的流入不能确认为收入，而应当计入利得。

2）收入会导致所有者权益的增加。由于收入最终会导致所有者权益的增加，因此不会导致所有者权益增加的经济利益的流入不符合收入的定义，不应确认为收入。

3）收入是与所有者投入资本无关的经济利益的总流入。一般而言，收入只有在经济利益很可能流入企业时才导致企业资产增加或者负债减少，但是，经济利益的流入有时是所有者投入资本的增加所致，所有者投入资本的增加不应当确认为收入，应当将其直接确认为所有者权益。

（2）费用。费用是指企业在日常活动中发生的、会导致所有者权益减少的、与向所有者分配利润无关的经济利益的总流出。费用具有以下特征：

1）费用是企业在日常活动中形成的。因日常活动所产生的费用通常包括销售成本、期间费用等。企业非日常活动所形成的经济利益的流出不能确认为费用，而应当计入损失。

2）费用会导致所有者权益的减少。与费用相关的经济利益的流出应当会导致所有者权益的减少，不会导致所有者权益减少的经济利益的流出不符合费用的定义，不应确认为费用。例如，企业偿还银行借款，尽管也导致了企业经济利益的流出，但该经济利益的流出不会导致企业所有者权益的减少，因此不应确认为企业的费用。

3）费用是与向所有者分配利润无关的经济利益的总流出。费用的发生应当会导致经济利益的流出，从而导致资产的减少或者负债的增加。但企业向所有者分配利润也会导致经济利益的流出，而该经济利益的流出属于对投资者投资回报的分配，不应确认为费用。

（3）利润。利润是指企业在一定会计期间的经营成果。利润包括收入减去费用后的净额、直接计入当期利润的利得和损失等。其中收入减去费用后的净额反映企业日常活动的经营业绩，直接计入当期利润的利得和损失反映企业非日常活动的业绩。企业应当严格区分收入和利得、费用和损失，以便更加全面地反映企业的经营成果。

二、财务会计要素的确认与计量

（一）财务会计要素的确认

财务会计要素的确认，是指将某一事项作为资产、负债、收入或费用等正式加以记录并列入财务报表的过程，也是广义的确认。确认主要解决两方面的问题，一是何时、以何种金额、通过何种账户记录；二是何时、以何种金额并通过何种要素列入财务报告。

我国企业会计准则规定了财务会计要素确认的基本条件，如资产的确认要同时具备以下两个条件：①与该资产有关的经济利益很可能流入企业；②该资产的成本或者价值能够可靠地计量。

负债的确认也要同时满足以下两个条件：①与该义务有关的经济利益很可能流出企业；②未来流出的经济利益的金额能够可靠地计量。

至于所有者权益的确认，主要取决于资产、负债、收入、费用等要素的确认。对于收入的确认，应视不同收入来源的特征而有所不同。如企业销售商品收入的确认，应同时具备五个条件，即企业已将商品所有权上的主要风险和报酬转移给购货方；企业既没有保留通常与所有权相联系的继续管理权，也没有对已售出的商品实施有效控制；收入的金额能够可靠地计量；与交易相关的经济利益很可能流入企业；相关的已发生或将发生的成本能够可靠地计量。

对于费用的确认，也应当满足严格的条件：一是与费用相关的经济利益应当很可能流出企业；二是经济利益流出企业的结果会导致资产的减少或者负债的增加；三是经济利益的流出额能够可靠地计量。

对于利润的确认，主要依赖于收入和费用以及利得和损失的确认，其金额的确定也主要取决于收入、费用、利得、损失金额的确定。

（二）财务会计要素的计量

财务会计要素的计量，是指将符合确认条件的财务会计要素列报于财务报告中并确定其货币金额的过程。这一计量过程由计量单位和计量属性两个要素构成。通常以各国法定的名义货币作为计量单位，而不考虑其购买力的变化对企业财务会计信息的影响。

计量属性是指予以计量的某一要素的特性，如房屋的面积、桌子的长度、铁矿石的重量等。从会计角度讲，计量属性反映的是财务会计要素金额的确定基础，按我国会计准则的规定，主要包括历史成本、重置成本、可变现净值、现值和公允价值等。

（1）历史成本。历史成本又称实际成本，即取得或制造某项财产物资时所实际支付的现金或现金等价物。在历史成本计量下，资产按照其购置时支付的现金或者现金等价物的金额，或者按照购置资产时所付出的对价的公允价值计量。负债按照其因承担现时义务而实际收到的款项或者资产的金额，或者承担现时义务的合同金额，或者按照日常活动中为偿还负债预期需要支付的现金或者现金等价物的金额计量。

（2）重置成本。重置成本又称现行成本，是指按照当前市场条件，重新取得同样的资产所需支付的现金或现金等价物的金额。在重置成本计量下，资产按照现在购买相同或者相似资产所需支付的现金或者现金等价物的金额计量。负债按照现在该项债务所需支付的现金或者现金等价物的金额计量。

（3）可变现净值。可变现净值是指在正常生产经营过程中，以资产预计售价减去进一步加工成本和预计销售费用以及相关税费后的净值。在可变现净值计量下，资产按照其正常对外销售所能收到现金或者现金等价物的金额扣减该资产至完工时估计将要发生的成本、估计的销售费用以及相关税费后的金额计量。可变现净值通常应用于存货资产减值情况下的后续计量。

（4）现值。现值是指对未来现金流量以恰当的折现率进行折现后的价值，是考虑货币时间价值的一种计量属性。在现值计量下，资产按照预计从其持续使用和最终处置中所取得的未来净现金流入量的折现金额计量。负债按照预计期限内需要偿还的未来净现金流出量的折现金额计量。

（5）公允价值。公允价值，是指市场参与者在计量日发生的有序交易中，出售一项资产所能收到或者转移一项负债所需支付的价格。

市场参与者，是指在相关资产或负债的主要市场（或最有利市场）中，同时具备下列特征的买方和卖方：①市场参与者应当相互独立，不存在《企业会计准则第 36 号——关联方披露》所述的关联方关系；②市场参与者应当熟悉情况，能够根据可取得的信息对相关资产或负债以及交易具备合理认知；③市场参与者应当有能力并自愿进行相关资产或负债的交易①。

有序交易，是指在计量日前一段时期内相关资产或负债具有惯常市场活动的交易。清算等被迫交易不属于有序交易。

企业以公允价值计量相关资产或负债，应当考虑该资产或负债的特征。相关资产或负债的特征，是指市场参与者在计量日对该资产或负债进行定价时考虑的特征，包括资产状况及所在位置、对资产出售或者使用的限制等。

企业以公允价值计量相关资产或负债，应当假定出售资产或者转移负债的有序交易在相关资产或负债的主要市场进行。不存在主要市场的，企业应当假定该交易在相关资产或负债的最有利市场进行。

主要市场，是指相关资产或负债交易量最大和交易活跃程度最高的市场。最有利市场，是指在考虑交易费用和运输费用后，能够以最高金额出售相关资产或者以最低金额转移相关负债的市场。

交易费用，是指在相关资产或负债的主要市场（或最有利市场）中，发生的可直接归属于资产出售或者负债转移的费用。交易费用是直接由交易引起的、交易所必需的而且不出售资产或者不转移负债就不会发生的费用。

---

① 宋丽群．财务管理［M］．北京：北京大学出版社，2011.

第三章 会计信息系统维护

第一节 系统维护概述

系统维护是软件生命周期法的最后阶段，也是延续时间最长，费用投入最大的阶段。系统维护是指为了保证系统能正常工作，适应系统内、外部环境和其他相关因素的变化而采取的有关活动。系统维护的内容主要有系统软件维护、数据维护、代码维护、设备维护等。

系统维护的目的如下：

（1）维持系统的正常运行。系统正常运行工作包括数据收集、整理、录入，机器运行的操作，处理结果的整理和分发，系统的管理和有关硬件维护，机房管理，空调设备管理，用户服务等。

（2）记录系统运行状况。这是科学管理的基础，包括及时、准确、完整地记录系统的运行状况，处理效率，意外情况的发生及处理等。它是进行系统评价的基础。

（3）有计划、有组织地对系统做必要修改。系统修改的起因是多方面的，主要包括管理方式、方法及策略的改变；上级的命令、要求；系统运行中出错；用户提出的改进要求；先进技术的出现等。对系统的任何修改都必须非常小心谨慎，有计划、有步骤地执行。

（4）定期或不定期地对系统运行情况回顾与评价。所谓财务与会计信息系统维护，主要是指对财务与会计信息系统软件和硬件系统的修正改造工作。通过系统维护，改正系统存在的错误或不足，完善系统的功能，使系统适应新的环境，保证系统正常运行。

系统维护工作是一项极其重要的工作。这是因为财务与会计信息系统是一个比较复杂的系统，当系统内、外部环境发生变化时，系统要能适应各种人为、机器的因素的影响；当用户在使用过程中遇到一些以前没有发生过的问题，不断提出新的要求和建议时，系统要能通过二次开发予以满足①。

系统维护工作也是一项经常性的工作。维护的工作量在财务与会计信息系统工作中所

---

① 刘淑华. 应用型财务管理人才培养目标及课程体系设置研究［J］. 内蒙古财经学院学报：综合版，2007，5（04）：46-48.

占比率很大，与此相应的是，系统维护费用也很大。财务与会计信息系统的应用对象总是处于动态的变化之中，无论财务与会计信息系统设计得如何周密、完善，在实施和运行期间必然会产生偏差。因此，财务与会计信息系统维护工作伴随着财务与会计信息系统的诞生而产生、发展，直到生命期的终结。具体地说，导致财务与会计信息系统维护工作的原因主要来自以下几个方面：

- 会计制度、法规的变更。
- 企业管理方式、方法的改变。
- 会计处理过程/程序的变化。
- 用户需求的不断增加。
- 计算机软、硬件系统的更新换代。
- 原系统设计的某些不完善或错误。

因此，财务与会计信息系统的维护包括：软件维护、硬件维护和使用维护等。依据软件维护目的的不同，软件维护可分为：

（1）纠错性维护。即排除软件在运行中显露出的错误。

（2）适应性维护。即为适应外界环境变化而进行的修改。

（3）完善性维护。即为扩充功能或完善性能而进行的修改，如增加打印新的分析报表，改进数据组织或处理方法，缩短某个处理的等待时间等。

依据软件维护的对象不同，软件维护还可分为：

（1）应用软件的维护。若处理的业务、数据或信息量等发生变化，则会引起应用软件的变化。应用软件的维护是系统维护最重要的内容。

（2）数据文件的维护。系统的业务处理对数据的需求是不断变化的，数据文件也要适应变化的情况，进行适当的修改，增加新的内容或新文件。

硬件维护指对计算机主机及其外部设备的保养，发生故障时的修复和为适应会计电算化软件的运行而进行的硬件调整等。

使用维护包括初始化维护、系统环境维护、意外事故维护、计算机病毒的防治等。本章主要介绍财务与会计信息系统的使用维护，运用信息管理系统的观点，从系统转换与初始化、操作权限、系统运行、备份与恢复、计算机病毒防治及防火墙的建立等七个方面讲述财务与会计信息系统维护的主要内容。

第二节　系统的转换与初始化

一、系统转换

系统转换是指将现行会计信息系统向新的会计电算化信息系统转变的过程。当财务与会计信息系统通过严格的测试后，就进入系统转换过程。系统转换时需将现行会计信息系统的文件转换到新系统中去；对已调试好的新系统加载，准备试运行或运行；把有关资料、使用操作和系统控制权正式移交给用户。

系统转换的最终形式是将财务与会计信息系统的全部控制和使用权移交给终端用户。系统转换的主要内容包括：组织机构、人员、设备、处理方式等的转换。一般而言，系统的转换有并行方式、直接方式、试运行方式、分段方式等四种。

（一）并行方式

此方式是指原会计系统和财务与会计信息系统并行运行，在财务与会计信息系统全部投入使用后的一段时间内，原会计信息系统继续运行一段时间，待运行成功后再进行切换。并行方式耗费虽大，却十分安全稳妥。财政部要求，会计电算化系统全部替换原会计系统，会计应用软件要通过评审，并与原会计系统并行运行 3~6 个月，并保存完整的与原会计处理相一致的会计业务数据。因此实务中多采用并行转换方式。

（二）直接方式

此方式选择一适当的时刻正式启动新系统，与此同时，现行会计信息系统停止运行，直接用新的会计电算化系统全面替换手工系统。显然，直接方式的耗费最小，但风险最大。该方式适用于经过较长时间考验、成功把握较大的情况，而不适合重要系统的转换。会计电算化系统若选用直接方式进行系统转换，要准备应急措施，以保证系统转换工作的顺利进行。

（三）试运行方式

将财务与会计信息系统的主要功能与原会计系统并行试运行，直至试运行满意后，才将整个财务与会计信息系统直接投入运行，以替换原会计系统。

（四）分段方式

此方式是指分期分批逐步以财务与会计信息系统替代原会计系统，即当新系统的一部分经过一段时间运行并成功以后，再转换该部分现行系统。这种转换方式必须事先考虑好各部分之间的接口，当新系统与现行会计信息系统之间的差别太大时不宜采用。

显然，试运行方式和分段方式是基于耗费与风险的权衡而采取的一种折中的方式。

二、初始化

财务与会计信息系统的初始化工作是指用户根据本单位的具体情况，为会计电算化软件系统设置相应运行环境的工作。通过初始化设置，确定本单位的会计核算规则、方法和基础数据，将一个通用软件转化为适合本单位具体情况的专用软件。初始化工作质量的高低，直接影响着会计电算化软件运行状况的好坏。初始化工作主要包括以下内容：

（一）账套设置

所谓账套设置，就是用户依自己的需要建立独立的核算单位。为一个独立核算单位建立的一套独立的账簿体系，称为一个账套。对于一个企业集团，可为各独立核算单位定义若干个账套，组成一个完整的会计核算体系。每个账套均可独立进行科目代码设置、记账凭证输入、记账、结账、报表编制、银行对账等各种功能。设置账套是用户启用会计电算化软件所需做的第一项工作。

（二）操作员权限设置

出于系统安全和数据保密的需要，由于工作内容、岗位和职位不同，会计信息系统操作人员的权力范围也不同。如：凭证录入人员有权输入、修改凭证，但无权审核凭证，无权修改会计核算的方法，无权变更其他操作员的名称、权限；部门经理有权查询有关账表，却无权更改凭证和账表。操作员权限的设置方案必须认真设计，要从功能处理权和数据存储权两个角度来设计权限的设置方案，还要将计算机操作系统的安全机制与财务与会计信息系统的操作权限结合起来考虑，否则会给系统运行带来隐患。

（三）会计科目的设置

依据财政部颁发的会计制度及有关规定，结合本企业实际，确定并输入会计科目名称及其编码，要建立会计科目名称与科目编码的一一对应关系。凡会计制度已统一规定的科目及其编码，企业不得随意改变，但可根据实际情况自行增设、减少或合并某些科目。会计制度对一级科目进行了统一的编码，一级科目由三（四）位数字组成，其最高位的数字规定为整数1、2、3、4、5等五个数字，其中，数字1表示资产类，数字2表示负债类，数字3表示所有者权益类，数字4表示成本费用类，数字5表示损益类。编码要做到标准化、通用化，并具有一定的扩充能力，因此一般采用混合编码方式，即一级科目采用分类编码，明细科目则采用顺序编码。

（四）初始余额的输入

账户初始余额的输入，应以原会计系统的账簿为准。在此需要特别提出注意的是，如果企业财务与会计信息系统的初始化，是在年中而非年初进行，如从8月份开始的，那么其账户的初始余额的输入该如何处理呢？对于此种情况，可采用以下两种方法：一是直接以7月底的各项数据作为年初始余额输入；二是直接输入原账簿的年初始余额，同时补充输入1月至7月份的记账凭证。显然第一种方法较省力，但编制会计电子报表时，部分项目数据无法直接从财务与会计信息系统的账册中获取，如资产负债表中的年初数，损益表中的本年累计数等；第二种方法虽正规，但工作量太大。

较为折中的方案是：以现行账簿的年初数作为年初始余额输入，同时依次输入各会计科目1月至7月各月份的累计发生额。

（五）会计报表的公式定义

会计报表是在日常核算的基础上，进一步加工汇总形成，会计报表是对单位财务状况的经营成果的综合性反映。通用的商品化会计核算软件通常都提供一个功能强劲的报表生成器，通过这个报表生成器，可完成各种不同种类报表的定义与编制①。

会计报表中的各个数据项（表元），是用户根据报表与账表、报表与报表、报表与其他系统之间的关系而确定的。在报表生成器中，可通过报表公式定义，给出报表编制方法。定义报表编制方法的数学表示，又被称之为运算公式，即用于说明表元的数据取自哪些部门、哪些账表并通过什么运算处理而得来的。

一个公式用于定义报表中一个表元的计算或审核方法。一旦报表各表元的公式定义完毕，那么会计报表就可依据公式自动填列，只要报表各表元填列规则不变，该会计报表的定义就可反复使用。如第四章所述，商品化会计核算软件通常都提供各种取数函数供用户选择，并备有公式引导输入功能，帮助用户完成对报表公式的定义。

（六）凭证类型和自动转账设置

我国会计实务所用的记账凭证种类，可分为收款凭证、付款凭证、转账凭证三种记账凭证，也可分为现收、现付、银收、银付、转账五种记账凭证，或者无论收款、付款还是转账业务均只用一种记账凭证。

所谓凭证类型的设置，即指用户根据企业经营特点及管理需要，从中选一种分类方案。凭证类型一旦定义并使用，一年之内不能变动，若要修改、调整，必须等到下一年度的年初。

在转账业务中，特别在结账时，许多记账凭证是有规律、重复地出现的，这些凭证除了发生额，其他项目如摘要、供货科目、计算方法都基本不变。用户可在初始化时将该凭证的内容存入计算机，并定义为"自动转账分录"，用不同的分录号标明，凭证的借贷发生额由取数策略决定。对于设置为自动转账的业务，只要将"分录号"输入计算机，计算机就会根据事先定义的金额来源或计算方法自动填写相应金额，产生记账凭证。自动转账凭证又称为机制凭证。这些记账凭证，有的在记账时编制，有的在结账时编制。财务与会计信息系统的初始化工作除了上述这六项基本内容外，还包括非法对应科目设置、外汇汇

---

① 财政部会计司编写组．企业会计准则讲解［M］．北京：人民出版社，2007.

率输入等内容，若要分部门与项目核算，还要对部门与项目信息进行设置。

第三节　财务与会计信息系统的操作权限维护

财务与会计信息系统加工、存储的是企业的重要经济数据，对这些数据的任何非法泄露、修改或删除，都可能给企业带来无可估量或无可挽回的严重损失，因此无论是对会计电算化还是对企业而言，安全保密性都是至关重要的[①]。

财务与会计信息系统的安全保密工作，通常包括对操作人员使用系统功能的权限设置，以及对操作目标的权限设置两大部分。

一、操作员的权限设置

本节关于财务与会计信息系统初始化的内容中，已介绍过所谓操作权限的设置。操作权限设置的作用，一是明确财务与会计信息系统操作员的注册姓名、代码及口令；二是明确特定的注册代码、口令的权限。

任何想进入财务与会计信息系统的用户，必须输入注册姓名、对应代码及口令，只有在三者的键入完全正确时，才能进入财务与会计信息系统，否则将被拒绝。

进入财务与会计信息系统后，用户也只能执行授权（权限）范围内的相关功能，如财务与会计信息系统中的各种账、表进行的凭证输入、记账、编制会计报表等相应操作。

二、操作目标的权限设置

操作员的操作目标，是系统中的文件，具体对财务与会计信息系统，就是系统记录和表达经济业务数据的各个文件。操作目标的权限设置，就是指通过对不同类型的文件或目录设置适当的属性，约束或限制删除、改名、查看、写入及共享等操作，以达到保密、安全的目的。对于某个特定的操作目标，一般可进行以下几种权限设置：管理员权限、只读文件权限、写文件权限、建立新文件权限、删除文件权限、修改文件权限、查找权限、修改文件属性权限等。根据用户代码、口令级别的不同，可将以上权限，全部或部分授予用户。

文件的属性有多种，且有些还可对网络用户发生作用。在微软的 FAT 数据格式中，用于保密安全的有下列属性：

●只读属性

如果文件具有这种属性，则只能读取该文件，但不能修改和删除该文件的内容。因此

---

① 陈勇. 高校财务管理规范化模式探讨［J］. 安徽农学通报，2007，13（14）：189-190.

与该属性相对的是读写属性（READ/WRITE），具有读写属性的文件可以被用户读取、写入、改名及删除。

●隐含属性

如果文件具有这种属性，则文件在对文件名列表时不显示出来，因此不知道该文件的名字的用户，就不能感知该文件的存在。

●系统属性

与隐含属性相似，如果文件具有系统属性，即为系统文件，则其不在列表清单中显示出来。这样，可防止文件被删除或被拷贝。

以上各类权限既可单独使用，也可配合使用，在实际中，通常是配合使用。配合使用时需注意的是：文件属性保密性优先于用户等效权限。以只读属性为例，如果文件是只读文件，则不论用户等效权限如何，用户对该文件只能读，不能写、换名和删除。

在网络化的财务与会计信息系统应用中，以上诸属性尚达不到系统安全的目的，应当使用微软的 NTFS 数据格式，或其他安全级别更高的操作系统。

第四节　财务与会计信息系统运行维护

财务与会计信息系统运行维护，主要是指为保证系统正常运行而对系统运行环境进行的一系列常规工作或措施，包括外界的物理环境及系统内部环境。

一、系统运行环境维护

财务与会计信息系统可靠运行，首先必须要有良好的外界环境。由于人们往往对不良环境可能对计算机系统造成的危害认识不足，当计算机发生物理损坏、程序出错、数据丢失、输出结果莫名其妙时，这就需要从计算机运行环境的外界环境方面找问题。

（一）外界环境的影响因素

计算机所处外界环境的好坏主要取决于供电电源、温度、静电、尘埃四大因素。

1. 供电电源

计算机对供电质量和供电连续性要求很严，它要求连续的、稳定的、无干扰的供电，俗称"清洁"电源，若直接使用普通的工业供电系统给计算机系统供电，则存在以下三个主要问题：

（1）供电线路环境噪声。输电网的电力调节、电力设备的启停、闪电、暴雨等均可产生电噪声干扰和瞬变干扰。据美国的统计数字，这类干扰占典型供电环境的90%，而计算机50%的错误是由这类干扰所引起的，它轻则使程序出错、数据丢失，重则能击穿计算机的芯片，使机器损坏。

（2）电压波动。电压波动既可以是瞬间波动，也可以是较长时间的过压或欠压供电。如照明灯的忽明忽暗，就是电压波动的表现。无论是瞬间波动或过压、欠压供电，都会对计算机产生"冲击电压"或"浪涌电压"，使计算机出错或损坏。

（3）停电。停电既可以是供电停止，也可以是瞬间断电。所谓瞬间断电，从宏观上看，供电并未停止，只是在某一瞬间，即在几个毫秒内断了电，然后又马上恢复了。对于瞬间断电，人们往往不熟悉，也不易察觉，计算机对此却十分敏感。无论是突然停止供电还是瞬间断电，都会产生严重的后果，甚至有可能损坏或损伤硬盘。

2. 环境温度

不良的环境温度会严重损害计算机的存储器和逻辑电路，加速电子元件的老化。因此，一般计算机禁止在低于5℃或高于35℃的温度下使用或存放。经验表明，温度过高就会大大增加存储器丢失数据和使计算机发生逻辑错误的机会。过低或过高的温度还可能会使硬盘"划盘"，使硬盘遭受损坏。

3. 静电

积累在物体身上的静电荷，会对计算机造成严重破坏。人们在地毯上行走可产生高于1.2万伏的静电，在正常温度范围内，即使是在乙烯醛地板上走动也可产生4000伏静电。已得到证实的是，仅仅40伏的静电就可使微机产生错误。静电与湿度有密切的关系，如果室内相对湿度低于40%，静电的危险性就大为增加；如果湿度高于60%，凝聚的危险增加，引起电接触不良甚至腐蚀，或引起电子器件短路。

4. 尘埃

灰尘不仅是软盘和磁头的大敌，而且也是其他计算机设备的大敌。

（二）外界环境的改善与维护

为改善、维护外界环境，一般应建设专用机房并安装空调，保持室内清洁和适当的湿度，有条件的还应装防静电地板。对于供电电源，必须做到以下几点：

●采用专用干线供电，线路上不安装其他大型用电设备；

●计算机应接入同一供电线路或电源，并统一接地，以减少电源相位差所产生的噪声；

●各台计算机与终端应装上分开关，以减少使用统一开关所产生的浪涌电压；

●在电源后面安装具有滤波和隔离功能的电源稳压器，以抑制瞬变干扰、冲击电压、浪涌电压的危害，使电压得到稳定；

●在稳压电源后面接入不间断电源（UPS），以保证突然断电时有充足时间采取必要的防护措施。

二、系统内部环境维护

所谓内部环境，是指财务与会计信息系统运行的软、硬件环境，如果软、硬件环境不能满足要求或不匹配，系统也不能正常运行。

（一）硬件维护

对企业而言，硬件维护的主要工作，是在系统运行过程中出现硬件故障时，及时进行故障分析，并做好检查记录，在设备需要更新、扩充、修复时，由系统管理员与维护人员共同研究决定，并由维护人员安装和调试。系统硬件的一些简单的日常维护工作通常由软件维护人员兼任，主要工作则由硬件销售商负责。以下是企业中较常见的硬件日常维护工作：

1. 硬盘、内存的有关维护

会计电算化软件正常安装、运行需要较多的存储空间，即需要足够大的硬盘空间。在将会计电算化软件安装到硬盘上之前，要检查并清除硬盘上的病毒、删除硬盘上不需要的文件、目录（或文件类），重整硬盘文件；其次，在会计电算化软件日常运行时，可通过删除硬盘上保存的已备份过的以前年份的数据来缓解硬盘空间的紧张形势。可通过关闭一些任务的窗口来释放内存空间。在微软的 WINDOWS 操作系统系列产品中，要定期对其注册表进行维护，以提高系统的工作效率。

2. 打印机、显示器的有关维护

财务与会计信息系统运行中，经常需要对记账凭证、日记账、报表等进行查询和打印。查询结果需要通过显示器和打印机输出。每一种类型的显示器和打印机都有各自的驱动方式。目前，计算机的外部设备大多具有即插即用和热插拔的能力，但对于一些较陈旧的设备，或是比财务与会计信息系统所用操作系统版本更新的设备，系统就不能自动地正确识别。因此，会计电算化软件要正常运行，必须选择与之相适配的显示、打印驱动程序。

（二）软件维护

财务与会计信息系统投入运行后，可能需要对系统的功能进行一些改进，这就是软件维护工作。软件维护与数据维护是系统生命周期的最后一个阶段，工作量最大，时间也最长。对于使用商品化会计核算软件的企业，软件维护主要由会计软件公司负责，企业只负责操作与数据维护。财务与会计信息系统数据维护的目的，是使系统的数据映像能够准确地反映企业资金的历史状态、运行状态与现时状态。对于自行开发会计核算软件的企业，需设置专职系统维护员，负责系统的软、硬件维护工作。软件维护主要包括以下内容。

1. 正确性维护

旨在诊断和改正使用过程中发现的程序错误。

2. 适应性维护

是配合计算机科学技术的发展和会计准则的变更而进行的修改设置活动。如：会计软件的版本升级、会计年度初始化、月初始化工作等。

3. 完善性维护

为满足用户提出的增加新功能或改进现有功能的要求，对软件进行的修改。相当多的企业，受财力、人力所限，最初只在会计核算方面实现了电算化，使用一段时间后，人们往往希望将会计电算化范围扩展至会计计划、会计分析、会计决策等方面，这时就必须对原会计电算化软件进行修改和完善[①]。

4. 预防性维护

为给未来的改进奠定更好的基础而修改软件。

决定软件可维护性的主要因素是软件的可理解性、可测试性和可修改性。因为在系统维护前只有理解需维护的对象才能对之进行修改；在修改后，只有进行了充分测试，才能确保修改的正确。因此，在系统开发、维护过程中，要保留完整、详细的文档资料。对于商品化会计软件来说，其应用系统的操作功能维护比较困难，一般应由软件生产商来进行。如果对现有系统的维护费用已超出或接近重新开发一个新系统时，就应报废现有系统，重新开发一个新系统。

第五节　数据的备份与恢复

通用会计软件系统都能直接在硬盘上存储会计数据。在计算机系统中，数据是为各种应用提供服务的基础，甚至可以说，数据是比计算机设备本身还宝贵的资源。用户最关心的问题之一，就是他们的数据是否安全；当系统数据因事故而丢失、破坏或被修改时，是否有办法恢复。备份的目的是为了防止发生意外事故。意外事故不可能经常发生，因此我们使用备份数据的频率并不是很高。正因为意外事故发生的频率不高，因而往往使人们忽略了数据备份工作。本节将分别讨论如何防止硬盘数据的丢失，以及讨论恢复磁盘丢失数据的策略。

一、数据备份

数据备份的目的是为了防止发生意外事故。通常，数据备份是增加数据可用性的基本

[①] 蒋占华. 最新管理会计学 ［M］. 北京：中国财政经济出版社，2014.

方法，通过把重要的数据拷贝到其他物理位置，如软盘、磁带、可拆卸磁盘、光盘等存储介质。当数据遭到意外损坏或者丢失时，再从所复制的位置把数据恢复到需要的地方。

根据不同的命题，可以对各种备份方法进行分类：

●按照备份数据的具体方法分类，有全量备份、增量备份和差量备份；

●根据备份时间的不同，可分为即时备份、定时（计划）备份和自动备份；

●按照备份过程和系统运行的关系，可分为冷备份和热备份；

●根据备份对象的不同，可分为文件备份和映像备份；

●根据存储介质的不同，可分为磁带备份、磁盘备份、光盘备份；

●根据备份数据的物理位置，可分为本地备份、局域网备份、远程备份、异地备份。

如上所述，有全量备份、增量备份、差量备份三种备份解决方案可供选择。全量备份就是每次都用一盘磁带对整个系统进行完全备份，包括系统和数据。增量备份就是每次备份的数据只是相对于上一次备份后新增加的和修改过的数据。差量备份是每次备份的数据都是相对于上一次全量备份之后增加的和修改过的数据。

制作数据备份的周期不能太长，一般最长不能超过一个月，对重要的数据需要每天备份，这样备份数据就尽可能地反映系统的最新状态。财务与会计信息系统工作时，在重要业务处理结束时、会计分期终了进行结账前、删除硬盘上的历史数据之前，都必须做数据备份。应制作 A、B 两组备份，并将 A、B 两组备份存放在相隔较远的不同建筑物内，防止火灾等自然灾害发生后使数据备份全部被破坏。备份数据的保存地点应防磁、防火、防潮、防尘、防盗、防霉烂。应采用一些专用设备来保证存储介质的完好，免受灰尘、高温、高湿、磁场、碰撞等因素的损害。

对于一些重要的会计数据，如记账凭证，现金及银行存款日记账、总账，要按规定作硬拷贝备份（打印输出）并存档。

二、数据恢复

将备份数据复制到硬盘上的指定目录下，使系统还原到原有状态或最近状态，就是数据恢复。备份技术本身不仅仅是拷贝数据，更为重要的是解决何时、何地，采用何种方式拷贝何种数据到何种设备上，以及如何恢复等问题。

使用全量备份方式，当事故发生时，只要用一份灾难发生前一次的数据备份就可以恢复丢失的数据。然而，由于每次都对系统进行完全备份，在备份数据中有大量重复的数据，如操作系统与应用程序。

使用增量备份方式，节省了存储空间，又缩短了备份时间。但当发生灾难时，恢复数据比较麻烦，必须首先找出上次的那盘完全备份磁带进行系统恢复，然后再找出以后各次的增量备份介质，依此进行恢复①。这种备份的可靠性也最差，各份备份介质间的数据关系一环套一环，任何一份备份介质出现问题，都会导致恢复失败。

使用差量备份方式时，避免了上述两种备份策略的缺陷，系统恢复时，只需要一份灾难发生前一次的全量数据备份与灾难发生前一次的差量备份就可以将系统恢复。

拥有数据备份设备，仅仅为我们的数据保护工作提供了必要的物质基础，真正能够使之发挥效能的还在于完善的数据备份管理策略。备份的核心问题是对数据的管理，可管理性是备份中一个很重要的因素，因为可管理性与备份的可靠性紧密相关。如果一种技术不能提供自动化方案，那么它就不能算最好的备份技术。

数据备份系统是一个较为专业的领域，应选择售后服务能力强的备份设备供应商和专业服务商作为合作伙伴。专业知识和经验是设备供应商和专业服务商做好售后服务的重要保障。

值得注意的是，在对系统数据进行恢复之前，必须首先将会计应用系统中的数据进行备份，以保存最新数据，避免在数据恢复过程中，错把应用系统中的最新数据蜕变成备份介质上的旧数据。通常只允许少数经特定授权的系统维护人员才能使用数据恢复功能。

第六节　计算机系统与网络安全维护

影响计算机系统与网络安全的因素很多，有的来自系统内部，有的来自系统外部。本节主要讨论来自外部的影响因素。来自系统外部的安全隐患，主要有计算机病毒和黑客的攻击。

一、计算机病毒的防治

所谓计算机病毒是指编制或者在计算机程序中插入的破坏计算机功能或者毁坏数据，影响计算机使用，并能自我复制的一组指令或者程序代码。

计算机病毒一般具有以下重要特点：

（一）计算机病毒是一个指令序列

计算机病毒是程序，但不是一个完整的程序，而是寄生在其他可执行的目标程序上。

（二）计算机病毒具有传染性

一个计算机病毒能够主动地将其自身的复制品或变种传染到其他对象上，这些对象可

---

① 欧阳征，陈博宇，邓单月. 大数据时代下企业财务管理的创新研究［J］. 企业技术开发，2015，34（10）：83-85.

以是一个程序，也可以是系统中的某些部位，如系统的引导记录等。

（三）计算机病毒具有欺骗性

计算机病毒寄生在其他对象上，当加载被感染的对象时，病毒即侵入系统。计算机病毒是在非授权的情况下具有一定欺骗性而被加载的，此即"特洛伊木马"特征。

（四）计算机病毒具有危害性

计算机病毒的危害性又称破坏性，包括：破坏系统，删除、修改或泄露数据，占用系统资源，干扰系统正常运行等。此外，计算机病毒一般都比较精巧、隐蔽和顽固。计算机病毒侵入系统后一般并不立即发作，而是经过一段时间，满足一定条件后才发生作用，这就为其自我繁殖和破坏争取了时间。

目前，理论上并不存在一种能自动判别系统是否感染病毒的方法，以下是一些计算机病毒发作时的常见现象：

- 操作系统无法正常启动，数据丢失；
- 能正常运行的软件发生内存不足的错误；
- 通信和打印发生异常；
- 无意中要求对可移动存储器进行写操作；
- 系统文件的时间、日期、大小发生变化，文件目录发生混乱；
- 系统文件或部分文档丢失或被破坏；
- 部分文档自动加密码；
- 磁盘空间迅速减小，运行速度明显变慢；
- 网络驱动器卷或共享目录无法调用；
- 屏幕出现一些不相干的信息；
- 自动发送电子函件；
- 使主板 BIOS 可实现软件升级的程序混乱，主板被破坏；
- 出现陌生人发来的电子函件；
- 网络瘫痪，无法提供正常的服务。

为了加强对计算机病毒的预防和治理，保护计算机信息系统安全，保障计算机的正常应用与发展，根据《中华人民共和国计算机信息系统安全保护条例》的规定，公安部制定了《计算机病毒防治管理办法》。在《计算机病毒防治管理办法》中指出，计算机信息系统的使用单位在计算机病毒防治工作中应当履行下列职责：

- 建立本单位的计算机病毒防治管理制度；
- 采取计算机病毒安全技术防治措施；
- 对本单位计算机信息系统使用人员进行计算机病毒防治教育和培训；

●及时检测、清除计算机信息系统中的计算机病毒，并备有检测、清除的记录；

●使用具有计算机信息系统安全专用产品销售许可证的计算机病毒防治产品；

●对因计算机病毒引起的计算机信息系统瘫痪、程序和数据严重破坏等重大事故及时向公安机关报告，并保护现场。

《计算机病毒防治管理办法》还指出：任何单位和个人在从计算机信息网络上下载程序、数据或者购置、维修、借入计算机设备时，应当进行计算机病毒检测。任何单位和个人销售、附赠的计算机病毒防治产品，应当具有计算机信息系统安全专用产品销售许可证，并贴有"销售许可"标记。从事计算机设备或者媒体生产、销售、出租、维修行业的单位和个人，应当对计算机设备或者媒体进行计算机病毒检测、清除工作，并备有检测、清除的记录。

计算机病毒对信息安全提出了巨大的挑战，特别是近年来，计算机病毒采用的技术越来越高明，并朝着更好地对抗反病毒软件，更好地隐蔽自身的方向发展。计算机病毒采用的新技术有对抗特征码技术、对抗覆盖法技术、对抗驻留式软件技术、对抗常规查毒技术和其他技术。为了对抗这些日益发展的新型病毒，反病毒软件也必须采用新的技术。目前较为实用的有特征码过滤技术、免疫技术、自身加密的开放式反病毒数据库技术和虚拟机技术等。

对于计算机病毒的防范，一是要在思想上重视、管理上到位，二是依靠防杀计算机病毒软件。必须通过建立合理的计算机病毒防范体系和制度，及时发现计算机病毒侵入，并采取有效手段阻止计算机病毒的传播和破坏，恢复受影响的计算机系统和数据。从加强系统管理入手，制定出切实可行的管理措施，如：

●安装病毒检测软件，对计算机系统做实时监控和例行检查；

●控制可移动存储器的流动，慎用不知底细的软件；

●用户的权限和文件的读写属性要加以控制；

●尽量不要直接在服务器上运行各类应用程序；

●服务器必须在物理上绝对安全，不能有任何非法用户能够接触到该服务器；

●在互联网接入口处安装防火墙式防杀计算机病毒产品；

●安装数据保护设备，如硬盘保护卡和加密控制器，保证系统软件和重要数据不被未经授权地修改；

●在外网单独设立一台服务器，安装服务器版的网络防杀计算机病毒软件，并对整个网络进行实时监控；

●建立严格的规章制度和操作规范，定期检查各防范点的工作状态。

对于当前的病毒威胁而言，最好是采用主动病毒防护系统，为网络提供始终处于活动状态、可以实时升级的防病毒软件。当新的病毒出现时，该系统会立即对防病毒软件自动进行升级。

二、计算机网络安全维护

随着计算机互联网的发展，会计软件的运行环境也从单机系统发展到局域网和互联网。但无论是企业单位或政府部门，只要将计算机系统接入互联网，就会感受到来自网络安全方面的威胁，就有可能遭受来自网络另一端的人为的恶意攻击。这些来自外部的攻击有可能使正常运行的系统遭受破坏；有可能窃取企业单位的机密数据；有可能仅仅是某些高手们的恶作剧。据统计，平均每数秒就会有一个网站遭到入侵。

系统防范与非法入侵是一对不断斗争的矛盾双方，目前还没有哪一个系统能够十分有把握地宣称可杜绝入侵，就连大名鼎鼎的软件帝国微软公司的电脑系统，也在 2000 年 10 月被神秘的黑客攻破。随着电子商务热和大型网站被攻击而引起的安全热潮，人们把信息安全推向了计算机应用的前沿。

为了财务与会计信息系统的安全，并且使其能在电子商务活动中支持正常的经济业务和贸易，必须给企业网络系统构筑安全防线。为保证系统安全，需在网络系统安装适当的防火墙产品①。

财务与会计信息系统的管理员应该在安全检测、网络安全监控、链路加密、网页恢复等方面进行系统维护工作。具体的工作可以在事故发生的事前、事中和事后三个阶段进行控制。

事前阶段可使用网络安全漏洞扫描技术，对网络进行预防性检查，及时发现问题，可以模拟黑客的进攻，对受检系统进行安全漏洞和隐患检测；事中阶段的目标是尽可能早地发现事故苗头，及时中止事态的发展，将事故的损失降低到最小；事后阶段要研究事故的起因，评估损失，追查责任，进行多层次、多方位、多手段的电子数据取证，以追查事故源头。

随着互联网的发展和应用的深入，黑客入侵事件变得越来越频繁，仅仅依靠传统的操作系统加固、防火墙隔离等静态安全防御技术已经远远无法满足现有网络安全的需要了。入侵检测系统（IDS）是近年来发展起来的动态安全防范技术，IDS 通过对计算机网络或系统中的若干关键点信息的收集与分析，从中发现是否有违反安全策略的行为和被攻击的迹象。这是一种集检测、记录、报警、响应于一体的动态安全技术，不仅能检测来自外部的入侵行为，同时也可监督内部用户的未授权活动。

第七节　财务与会计信息系统的二次开发

根据不断变化着的市场及企业内部管理的需求，企业亟须得到各种各样的、大量的、

---

① 魏洁. 基于业务技能培养的财务管理课程教学改革的探讨［J］. 邢台学院学报，2014，3（9）：155-157.

全方位的信息，特别是有关经济业务的信息，以对这些信息进行分析，为管理决策服务。财务与会计信息系统在其开发时，虽然考虑到使系统尽量满足用户的需求，但针对用户的特殊要求，以及企业内部与外部的条件和环境的变化，往往需要对会计电算化软件进行二次开发。

若企业的会计软件是通过自行开发或委托开发而为本单位定制的系统，一般对其进行的二次开发最好由系统的原班开发人员来完成。但是在这种情况下，往往不易区分软件的维护工作与二次开发工作的界限。

对于商品化会计核算软件而言，为了方便用户的使用，提高会计核算软件的生命力，商品化会计核算软件在其推出之时，就十分重视最终用户对该产品二次开发的需求，并为此提供了若干二次开发的接口。由于商品化软件往往只提供可执行的二进制代码，因此对其数据处理部分进行二次开发比较困难。为了使软件的功能满足不断地发展和变化着的管理工作的需要，可以采取对软件产品的版本进行升级的方法来达到二次开发的目的。商品化会计核算软件主要提供了数据输入与数据输出两个方面的二次开发接口。

一、数据输入的二次开发

为了严格地执行会计核算制度，商品化会计核算软件的数据输入设计对操作的控制十分严格，其软件产品提供的输入界面与数据（记账凭证）输入的内部程序控制关系一般不允许用户自行修改。在商品化会计核算软件中，为了接收系统外部数据的输入，例如接收来自材料核算子系统、固定资产核算子系统、成本核算子系统、工资核算子系统、产品及销售子系统转入的机制凭证，以及数据的远程录入，软件产品中一般是提供一种标准数据结构的缓冲区来存放这些外来数据。对于以上这些从外部输入的数据，首先将其一律预先存储在这个标准数据结构缓冲区中；然后经过该系统原设计的数据输入通道再将缓冲区中的数据向账务处理系统导入。商品化会计核算软件就是应用这种标准结构方式，接收会计核算数据的脱机输入；支持记账凭证数据的多点采集；接收财务与会计信息系统中各功能核算子系统中产生并传送过来的机制记账凭证。

对于为满足系统的需要，经二次开发形成的新的功能子系统或子模块而言，其数据向会计核算账务处理系统的导入，也可利用这一特性。

二、数据输出的二次开发

财务与会计信息系统全面、完整地记录了会计核算数据，而如何用好这些数据，提高信息的利用率，是信息系统不断追求的目标。商品化会计核算软件为了方便用户，预先提供了一些样表，如资产负债表、损益表、现金流量表，以满足对标准会计报表的编制与输出。出于数据输出二次开发的需要，还要求许多不同格式的输出表格形式，以直接对会计核算系统中的数据进行分析。对于各种不同的数据需求方式，可以通过会计核算软件的自定义报表功能、数据导出功能、系统数据的直接访问等方式来得到二次开发所需要的数据。

（一）自定义报表

商品化会计核算软件一般都提供用户自定义报表的功能，其工作原理类似于 Excel 等电子表格的形式。为了进行特殊的数据分析与输出需要的报表格式，用户可以通过对报表格式、报表项目、取数公式进行定义，自行设计新的报表格式。商品化会计软件系统也相应地提供一系列针对会计核算与分析应用的标准函数或子程序，以便于用户在构建取数公式时调用①。

（二）数据导出

通常对于各种计算机应用程序而言，都提供了一个数据导出功能，此功能一般安置在该软件主菜单"文件"项目中的"另存为…"中实现。在商品化会计核算软件中一般也提供"数据导出功能"。在 Windows 操作系统环境下运行时，会计软件产品一般都采用 ODBC 数据协议提供数据导出功能，这样，可以方便地将会计系统中的内部数据格式导出，并转换为 Excel 电子表、FoxPro 数据库、Access 数据库、LOTUS1-2-3、HTML、纯文本节件等数据格式。数据导出方式，一方面具有操作简便、有效，输出的各种数据格式符合标准等优点，而另一方面也存在以下不足：使用数据导出时，首先要求用户开启商品化会计核算软件并进行交互式操作，人工进行干预；其次，在数据导出时，操作人员指定并键入的数据输出文件名要符合要求，否则会影响到后续数据处理软件的正常运行；最后，数据导出方式不利于通过程序控制、自动执行来完成二次开发所要求的数据处理功能。

（三）直接数据访问

只要知道系统数据的存储格式，就可以直接对商品化会计核算软件系统中的数据库直接进行访问和提取数据。为了保证会计系统数据的完整性，采用对数据直接访问的手段应严格避免对原系统数据的修改、删除等操作，仅保留数据操作的读取权。

为了使会计人员不仅会使用会计软件，而且会对会计软件进行维护，会综合利用会计核算软件系统的已有数据进行财务分析，会在会计软件的基础上进行二次开发，许多商品化会计核算软件产品在会计软件的产品技术手册中，对最终用户公布了会计核算软件的数据处理流程、主要功能程序的模块结构、数据存储结构等技术资料，以便于人们对财务与会计信息系统进行更高水平的应用。

---

① 周雪梅．浅析中小企业财务管理［J］．商场现代化，2014，30（5）：229-230.

第四章　会计信息系统的内部控制与审计

第一节　财务与会计信息系统内部控制体系

一、会计信息系统内部控制的目标

所谓内部控制包括组织机构的设计和企业内部采取的所有用于保护企业财产、检查企业会计信息准确性和可靠性、提高经营效率和效益、推动企业坚持执行既定的管理方针的相互协调的方法和措施。具体到会计信息系统，其内部控制的主要目标如下：

（一）防范资产损失

对企业主要资产，如货币资金、应收账款、材料物品、固定资产、长期投资等的存取予以授权；为企业资产分别设立各自账户予以记录；通过对账核实，对各种资产的现状及使用变动情况予以监控。

（二）确保业务记录的有效性、完整性、正确性

不允许没有真正发生的虚构经济业务登记入账，而要求已受权且已发生的所有经济业务，在合适的时候，以适当的金额登记适当的账户，即被正确地确认、计量。

（三）确保会计信息的输出符合相关的处理规则

保证会计系统按公认会计原则，完整、及时地报告会计信息，如编制资产负债表、损益表、现金流量表等。同时，还要对各种会计档案、会计信息建立必要的使用与防护控制，如配置专人负责会计档案的保管、分发和回收。建立会计档案使用授权、登记制度，以确保信息传播的有效性和会计档案的安全性。

（四）为审计提供足够的线索

在设计和开发电算化会计系统时，必须注意审计的要求，使系统在数据处理时留下新的审计线索，以便审计人员在电算化环境下也能跟踪审计线索，顺利完成审计任务。

二、财务与会计信息系统的风险及内部控制体系

无论是人工系统还是财务与会计信息系统，其内部控制的目标都相同。由于计算机技术的引入，财务与会计信息系统在数据收集处理、存储、传输以及系统设备管理方面出现一些新特征，并由此导致财务与会计信息系统的风险内容与人工系统不同，其主要表现为：

（一）财务与会计信息系统数据处理的集中化、自动化

由于数据处理的集中化、自动化及不健全的内部控制，业务人员可利用特殊的授权文件或口令，获得某种权利或运行特定程序进行业务处理，由此引起失控而造成损失。

（二）财务与会计信息系统数据存储隐形化

会计数据以电、磁或光信号等物理形式存储在磁、光介质上，部分交易几乎没有"痕迹"，未授权人员可以查阅、盗窃或更改会计数据而不留痕迹，会计数据可能因疏忽或系统故障而暂时无法直接使用或毁损，甚至完全清除。

（三）电算化系统数据传输介质化、网络化

在把会计数据转化为便于计算机处理、传输的光、电、磁信号过程中，离不开会计数据的人工输入，而人工输入时极易发生有意或无意的差错。在通过电子通讯网络传送时，未经授权人员可能接近、篡改、毁损会计数据，从而出现了内部控制的新问题。

（四）内部控制程序化

电算化系统中内部控制具有人工控制与程序控制相结合的特点。程序化的内部控制的有效性取决于应用程序，如程序发生差错或不起作用，人们的依赖性和程序运行的重复性，会使失效控制长期不被发现，系统发生错误或违规行为[①]。

财务与会计信息系统内部控制包括一般控制和应用控制两方面。

所谓一般控制是指对会计信息系统及其环境的控制，与计算机数据处理系统的内部控制具有共性。一般控制主要包括：组织和操作控制、硬件和系统软件控制、系统安全控制等。只有在一般控制强有力的环境下，应用控制才能发挥应有的作用。

所谓应用控制是与特定的会计作业或交易处理直接相关的控制。不同的应用系统因处理方式、处理过程不同，其应用控制也不同。应用控制不仅为会计数据的准确性、可靠性提供保证，而且为企业管理、决策提供支持。

---

① 钟琮，方新华. 会计专业财务分析课程中的综合案例教学. 经济研究导刊. 2010. 86（12）：232-233.

概括地说，一般控制是应用控制的基础，为数据处理提供良好的处理环境；应用控制是一般控制的深化，在一般控制的基础上，直接深入到具体的业务数据处理过程，为数据处理的准确性、完整性和可靠性提供最后的保证。

第二节 一般控制

任何信息系统的内部控制通常都遵循如下一些基本原则：交易授权、职责分离、作业监督、限制资产接近、交易记录和独立性。一般控制主要包括：组织和操作控制、硬件和软件控制、系统安全控制等。

一、组织和操作控制

（一）组织控制

由于企业的组织结构决定企业内部各部门、各岗位、各员工之间的职责关系，因此企业的组织结构是一种内在的控制。在设计企业的组织结构时要充分考虑和实现职责分离的控制目的，合理划分不同岗位或员工的职责，尤其是要分离不宜兼容的岗位职能。一般来说，一项完整的作业要由两个或两个以上的岗位或员工共同完成，以利于相互复核和牵制。在合理的职责分工下，工作人员将难以舞弊和自行掩盖，从而有效地减少差错或舞弊。不同处理方式的信息系统，其组织控制的形式和内容也不同。对财务与会计信息系统而言，其组织控制主要表现为：

（1）处理与控制会计资料的信息系统职能部门应与业务部门的职责分离。信息系统职能部门只直接负责管理、操作、维护计算机和会计软件系统，即只负责数据的记录、处理，而避免参与业务活动。具体地说：

● 所有业务活动均应由用户部门完成或授权；

● 信息系统部门无权私自改动业务记录和有关文件；

● 所有业务过程中发生的错误数据均由用户部门负责或授权改正；

● 信息系统部门只允许改正数据在输入、加工和输出过程中产生的错误；

● 所有现行系统的改进、新系统的应用及控制措施都应由受益部门发起并经高级管理员授权，未经有关部门批准，业务部门无权擅自修改现有应用程序；

● 所有资产的保管均不由系统职能部门负责。

《会计电算化工作规范》要求将会计岗位分为基本会计岗位和会计电算化岗位。其中基本会计岗位负责经济业务的确认、计量与报告，会计电算化岗位直接负责管理、操作、维护计算机和会计软件系统。

（2）信息系统部门内部的职责分离。在信息系统部门内部，首先，在系统设计、开发与会计数据处理之间必须明确分工。系统设计开发只负责系统分析、设计、程序编码、调试、维护、数据库的设计与控制、编写用户手册等。数据处理只负责会计业务数据的处理和控制。系统开发与数据处理应由不同的人员承担；其次，为减少差错，防止舞弊，在数据准备、数据操作、文档管理等数据处理各环节之间也应进行一定的职责分离。如《会计电算化工作规范》中规定，电算化岗位包括电算主管、软件操作、审核记账、电算维护、电算审查、数据分析、会计档案资料管理员、软件开发等。

当然，内部控制的方法与措施的有效性有赖于人员的执行，有赖于执行情况及时和真实的反馈。因此组织控制还应对人员进行考核及奖惩，如制定晋升制度，岗位轮换制度，定期休假制度，内部督查、审计制度等。

（二）操作控制

所谓操作控制，就是制定和执行标准操作规程，以保证系统运行的规范化、制度化和操作人员的合法化。操作控制的主要内容有：

1. 计算机系统使用管理

首先，应建立科学合理的机房管理制度，对设备的使用、程序的生效、文件的处置等制定出明确的规定，防止非指定人员进入机房操作计算机系统，以保护设备、程序、数据的安全。其次，制定数据文件的管理规则，包括数据文件的保留限期、存放地点、保管人员、使用控制等方面的内容。再者，为提高数据的共享性、兼容性，还应建立软件使用制度，同时制定一些应付突发事故的补救措施。

2. 操作管理

制定规范的操作制度和程序，以保证上机操作人员的合法性。如明确规定上机操作人员对会计软件的操作内容和权限。操作权限控制是指每个岗位的人员只能按照所授予的权限对系统进行作业，不得超越权限接触系统。系统应制定适当的权限标准体系，使系统不被越权操作，从而保证系统的安全。操作权限控制常采用设置口令来实行。每次工作完毕应及时做好所需的数据备份工作。

3. 运行记录制度

记录并保存系统操作和会计信息的使用情况，如：记录操作人员、操作时间、操作内容、故障情况等。

二、硬件和软件控制

所谓硬件和软件控制，是指为及时发现、查验、排除计算机故障，确保财务与会计信息系统正常运行而采用的计算机软、硬件控制技术和有关措施。

常用的计算机硬件控制技术有：冗余校验、奇偶校验、重复处理校验、回波校验、设备校验、有效性校验等，通常由设备生产厂家负责实施。

软件控制包括文件保护，安全保护机制和自我保护等内容。

（一）文件保护

文件保护主要通过设置、核对文件内部标签来防止未经授权的文件使用和修改。文件内部标签是以机器可读的形式存储于磁盘或磁带中，一般占据文件目录的若干字节，以提供文件名称、文件编号、建立日期、所有者、进入口令、识别密码、文件记录数、保留日期等信息。

（二）安全保护机制

安全保护机制主要通过设立各类工作人员的存取权限，自动建立系统使用的人员及操作记录等来防止未经授权的系统使用。例如安易公司的软件产品《安易2000GRP》，就分别在系统级、数据库级、功能级、数据级、数值级等五个级别设置了安全控制机制[①]。

（三）自我保护

自我保护主要包括两个内容：一是系统开发和维护的控制与监督（如程序的编号，维护的授权，只有使用专门指令才能动用和修改现有应用程序等）；二是出错处置程序，当计算机在程序、设备或操作出现错误时，仍能继续正常运行，不死机。

三、系统安全控制

通常计算机系统安全从保密性、完整性、可用性等三个方面予以衡量。保密性是指防止计算机数据非法泄露；完整性是指防止计算机程序和数据的非法修改或删除；可用性是指防止计算机资源和数据的非法独占，当用户需要使用计算机资源时要有资源可用。因此，系统安全控制应涉及计算机和数据两方面的安全控制。系统的可靠性、信息的安全性以及信息处理的正确性均有赖于强有力的系统安全控制。

（一）计算机的安全控制

首先，应建立计算机接触控制，严格控制未经授权人员进入机房，保证仅有授权人员方可接触到系统的硬件、软件、应用程序及文档资料；严格执行已建立的岗位责任制和操作规程，实施有效的上机授权程序。其次，建立系统环境安全控制。妥善选择系统工作场地，配备必需的防护和预警装置或设备，同时还因采取必要的"灾难补救"措施，建立后

---

① 陈勇. 高校财务管理规范化模式探讨［J］. 安徽农学通报，2007，13（14）：189-190.

备系统等。

（二）数据安全控制

数据安全控制的目标是要做到任何情况下数据都不丢失、不损毁、不泄露、不被非法侵入。通常采用的控制包括接触控制、丢失数据的恢复与重建等，确保一旦发生数据非法修改、删除，可及时将数据还原到原有状态或最近状态。数据的备份是数据恢复与重建的基础，网络中利用两个服务器进行双机镜像映射备份是备份的先进形式。

（三）网络安全控制

网络安全性指标包括数据保密、访问控制、身份识别、不可否认和完整性。具体可采用的安全技术主要包括数据加密技术、访问控制技术、认证技术等。

第三节　应用控制

应用控制是对财务与会计信息系统中具体的数据处理活动所进行的控制。其重点在于全部交易均已经过合法授权并被正确记录、分类处理和报告。应用控制常可分为输入控制、处理控制和输出控制。

一、输入控制

输入控制的目的是：

（1）确保完整、及时、正确地将经济业务信息转换成机器可读的形式并输入计算机，而不存在数据的遗漏、添加和篡改；

（2）及时发现与更正进入财务与会计信息系统的各种异常数据，或者将其反馈至相关业务部门重新处理。

常用的输入控制方法包括：

●建立科目名称与代码对照文件，以防止会计科目输错；

●设计科目代码校验，以保证会计科目代码输入的正确性；

●设立对应关系参照文件，用来判断对应账户是否发生错误；

●试算平衡控制，对每笔分录和借贷方进行平衡校验，防止输入金额出错；

●顺序检查法，防止凭证编号重复；

●二次输入法，将数据先后或同时由两人分别输入，经对比后确定输入是否正确。

依据数据输入过程的逻辑性，输入控制应包括：

（一）数据收集控制

数据收集控制是指对经济业务原始交易数据的人工收集、分类、记录过程的控制。它主要包括：建立和执行合理的凭证编制、审核、传递、保管程序；合理设计凭证，明确规定各栏次的内容，并预留空栏供交易授权和确认责任；业务的授权与合理分类等方面的内容。

（二）数据分批和转换控制

数据分批是指将一段时间内的业务数据汇集在一起，集中输入和处理。对于采用批处理方式的财务与会计信息系统而言，可防止交易处理的遗漏，防止在信息处理过程中未经授权交易资料的插入，防止过账错误。有效的数据分批控制措施是控制总和，即计算并比较某一数据项在不同处理过程或部门产生的总和，若该数据项的各总和之间存在非零差异，则表示存在差错。如：当某一批数据全部输入完毕后，若计算机统计出记录项总数与数据收集组提供的记录项总数不一致，则表示出现输入差错，必须立即更正。控制总和除选用记录项总和外，还常选用总额控制数，即整批交易的数量金额栏的汇总数。控制总和不仅适用于数据输入控制，而且可以应用于数据处理和数据输出控制。

数据转换控制，是指将计算机不能识别（不能读）的数据，转换为计算机能够识别（读）的数据这一过程的控制。

二、处理控制

财务与会计信息系统处理控制的目的，在于确保已输入系统的全部数据均得到正确和完整的处理。常用的控制措施包括：登账条件检验，防错、纠错控制，修改权限与修改痕迹控制等。处理控制主要涉及数据的有效性检验、数据处理的有效性校验及建立清晰的审计线索等方面的内容。

（一）数据的有效性校验

财务与会计信息系统十分复杂，要求能对各种类型业务文件进行正确的处理。使财务与会计信息系统处理的结果正确、完整的前提是所要求处理的数据是正确、完整的，即保证所处理数据对象的有效性。数据的有效性校验分为数据正确性校验和数据完整性校验。

1. 数据正确性校验

数据正确性校验，即所要求处理的数据，读取自适当的数据库，经适当的应用程序处理后又被存入适当的数据库。常用的方法包括：校验文件标签，即人工检查文件外部标签，程序检查文件内部标签；设置校验业务编码，即对不同的业务进行编码，应用程序依据读出的业务编码，将不同的业务转入不同的程序进行相应处理。

2. 数据完整性校验

数据完整性校验，即确保所要求处理的数据既没有遗漏，也没有重复，更没有未授权的插入、添加①。最常用的方法就是利用顺序校验，即应用程序通过读取的每一项业务或纪录的主关键字，与前一项业务或纪录的主关键字进行比较，以检查文件组织顺序是否正确。顺序校验不论是对数据输入控制还是数据处理控制都是必要的。

（二）数据处理有效性校验

数据处理过程中产生的错误，一般是由于计算机硬件、系统软件、应用软件出现了问题。虽然现在计算机硬件设备的可靠性相当高，但在系统运行中仍有可能出现故障。设计完好的系统软件、应用软件，也可能因硬件故障或其他外界干扰而失效或被更改。因此，数据处理的有效性，一方面可通过定期检测财务与会计信息系统各功能处理的时序关系和应用程序，及时发现并纠正错误来确保；另一方面可通过对数据进行逻辑校验来确保。

对于系统各功能处理的时序关系和应用程序的测试，常用重复处理控制的方法，即比较同一业务数据的前后两次处理结果，若两个结果不一致，则说明出错。例如：对于"应收账款"模块，可依据往来客户代码，将每批应收账款业务分别进行明细账处理和总账处理，批处理结束后，若总账发生额与各明细账发生额的合计之间存在非零差异，则说明该模块存在问题。至于对数据的逻辑检验，既可采用前述的合理性检验和配比性检验，也可采用逆向运算、重复运算等方法检测数值计算的正确性。

（三）建立审计线索

处理控制的另一个重要目的在于产生必要、清晰的审计线索，以便对已处理交易进行追溯和查验。必要的、清晰的审计线索不仅为审计总账或其他会计记录的变动提供证据，而且也为编制财务报表，查找与更正处理错误，发现交易数据的遗漏或未经授权的添加提供方便。审计线索的充分与否，直接影响到应用控制的质量。

财务与会计信息系统审计线索的建立一般涉及输入/输出登记、程序的使用登记以及处理过程中所产生业务的登记等方面的内容，如：

（1）已处理的经济业务清单；

（2）处理中使用过的参数表和数据清单；

（3）操作员单独输入的数据清单；

（4）处理中使用过的应用程序名称、次数和时间；

（5）某些经济业务所需的选择性处理操作清单；

（6）计算机产生业务的详细清单。

---

① 宋丽群. 财务管理［M］. 北京：北京大学出版社，2011.

三、输出控制

财务与会计信息系统不仅要保证输出结果的完整与可靠，而且要保证各种输出信息能安全、及时地分发到适当的使用者手中。只有具有相应权限的人员才能执行输出操作，并要登记操作记录，从而达到限制接触输出信息的目的；打印输出的资料要进行登记，并按会计档案要求保管。

输出控制包括对财务与会计信息系统输出结果的复核和对输出结果的限制性分发。输出结果的复核，包含来自信息输出部门和信息使用者两方面的复核。信息输出部门在分发之前，要对拟分发的输出结果的形式、内容进行复核，如业务处理记录簿与输入业务记录簿的有关数字核对，输入过程中控制总数与输出得到的控制总数的核对，正常业务报告与例外报告中有关数字的对比分析等；信息使用者在使用前，对会计电算化输出结果的复核，如客户在支付到期贷款之前，复核收到的往来客户账单；企业财务主管在每日现金送银行之前，复核由出纳编制的存款汇总表等。

输出结果的限制性分发，是指财务与会计信息系统的输出结果只限于分发到授权接收的使用者手中。限制性分发通常是通过建立和执行输出文件的分发与使用登记制度来实现。

无论是输入控制，处理控制或输出控制，都还应包括对发现的错误如何加以处理的措施和方法。一般而言，根据不同的情况，如错误发现的时间、错误类型、产生地点、环节等，采用不同的处理措施。如对已发现的错误凭证，若错误凭证被发现时已登账，则只能采用红字登记法或补充登记法来更正；若错误凭证被发现时已输入财务与会计信息系统但尚未登账，且该错误来自数据转换阶段，即录入错误，则可直接更改；若该错误来自数据的采集阶段，即手工编制记账凭证错误，则操作员不能直接更改，应填制错误清单并通知有关业务部门，待清单中错误更改后送回，再重新输入。

第四节　计算机审计

一、计算机审计的概念

计算机审计是指对财务与会计信息系统的审计。由于将计算机系统作为会计工作的辅助管理工具，不仅给会计工作本身，而且也给审计工作带来了深远的影响，同时也拓展了审计工作的范围。在电子商务环境，传统的审计线索完全消失。记录和确认交易发生的各种文件，从合同、订单、发货单、发票、数字支票，以及收、付款凭证等原始单据，都以电磁信息的形式在网上传递，并保存于电磁存储介质中，极大地冲击了传统审计的方法和模式。

（一）会计组织结构

在财务与会计信息系统中，会计的许多功能，特别是会计核算功能由计算机辅助完成。在原有的手工处理系统中的一部分会计组织机构，如工资核算组、成本费用核算组、总分类核算组均有可能不再需要设置。同时，由于计算机的应用，又相应出现一些新的工作岗位和组织，如系统开发组、系统维护组等。因此，审计工作不仅仍然要围绕原来手工系统的例行任务进行，还要对财务与会计信息系统新设立的组织进行研究与评价。

（二）系统工作平台

系统工作平台是指财务与会计信息系统使用的计算机硬件系统和系统软件。必须保证系统平台能满足会计电算化技术与安全方面的要求。由于计算机系统是原手工会计系统没有的部分，因此对财务与会计信息系统的审计，审计部门要增加计算机技术方面的组织。

（三）数据存储形式

在手工操作时，会计信息由纸张介质进行记载，如记账凭证、账簿等。在财务与会计信息系统中，计算机内的数据都存储在各种光、电、磁介质中，人们再也不能以翻开证、账、表的形式使用这些信息，只能借助计算机的辅助设备和程序来存取这些信息。由于存储介质的变化，使得会计系统的审计线索亦发生了变化，一方面使得部分审计线索消失，另一方面则使大部分审计线索改变了其存在的形式。

（四）内部控制

除了原有手工系统下的内部控制制度外，企业会计系统应为每笔业务、每项经济活动提供一个完整的审计轨迹。可将相当一部分内部控制方法交由计算机程序实现，如试算平衡、非法对应科目设定、计算机操作权限设置等。计算机审计要求对财务与会计信息系统内部控制机制的有效性进行审计。

（五）计算机系统的安全性

财务与会计信息系统的安全隐患主要来源于两个方面：一个是会计人员及其他人员的舞弊行为；另一个是来自外界对计算机网络的恶意攻击。因此必须采取相应的审计方法来对财务与会计信息系统的安全性进行审计。

二、计算机审计的内容

计算机审计的基本目标是审查财务与会计信息系统的有效性、经济性、效率性、完整性、准确性、安全性、私用性和合法性。在财务与会计信息系统中，由于其组织结构、数据处理形式及数据存储介质都与手工系统有了很大差别，其审计的方式和内容也随之有所改变。此外，审计人员不仅仅可依靠手工围绕财务与会计信息系统进行审计，也可利用计算机作为辅助工具对财务与会计信息系统进行审计。具体地说，在财务与会计信息系统环境下，计算机审计主要有以下内容。

（一）内部控制审计

财务与会计信息系统的内部控制是否健全有效，是会计信息正确与否的基本保证。我国对会计处理工作制定的一系列法律法规，是保证财务与会计信息系统正常运行的法律基础。一个企业内部控制的建立和实施，必须实现的目标包括提供可靠数据、保护各项资产及记录的安全、促进经营效率的提高、鼓励遵守既定政策、遵守有关法规。如果企业的现行会计制度、会计处理规程等内部控制既符合公认的会计原理和准则及其他内部控制原则，又能够自始至终地得到贯彻执行，那么，就可以认定企业提供的会计信息是真实的、公允的。若会计电算化系统能够依据《会计电算化工作规范》等法律法规实施操作，也可以认为该会计电算化系统是有效的、可靠的，其提供的信息是真实的、公允的。制度基础审计既是社会经济发展对审计工作提出的要求，也是对财务与会计信息系统内部控制审计的主要内容。

（二）计算机系统审计

计算机系统包括计算机硬件、系统软件和应用软件。这里主要指对计算机硬件和系统软件的审计。

对计算机硬件的审计是审查硬件的性能是否达到要求，设备运行是否正常。一般来讲，财务与会计信息系统的硬件要求可靠性较高。为了保证系统数据的安全性和完整性，系统可以采用数据存储设备镜像或双机热备份等工作方式。

对计算机系统软件的审计，主要内容有计算机操作系统和数据库管理系统。在当前的中小型系统中，可用于局域网系统的操作系统产品不多，主要有 Windows 和 NetWare 系列产品，这些产品不提供源代码，其安全性也有限。在多用户或网络工作环境中，计算机操作系统必须满足一定的安全级别。在有条件的情况下，计算机操作系统的安全级别要达到 B2 级。

（三）系统开发审计

对于财务与会计信息系统，不仅要对系统的工作环境进行审计，也要对财务与会计信息系统的开发过程进行审计，也就是要对财务与会计信息系统的整个生命周期进行审计。系统开发审计一方面要检查开发活动是否受到适当的控制，以及系统开发的方法与程序是否科学、先进合理，另一方面还要检查系统开发中产生的文档资料。例如，在系统分析阶段产生的系统分析报告所描述的财务与会计信息系统逻辑模型是否正确；在系统设计阶段产生的系统设计文档是否可行、有效；在系统实施过程中采用的开发工具是否先进。

（四）应用程序审计

应用程序是系统功能的最后实现，尤其是在财务与会计信息系统中，会计功能，特别是会计核算必须依照一定的步骤、方法和规范展开。因此，应用程序的审计要通过一系列数据测试，对目标系统的符合性进行检验，以保证程序运行逻辑的正确性。

（五）数据文件审计

财务与会计信息系统是利用数据文件系统存储会计处理的对象和结果①。在会计电算化系统中，会计凭证、会计账簿、会计报表映像；国家制定的法律、财经法规、政策和制度，上级制定的规章制度，上级下达的指示、通知、命令；企业单位制定的经营方针、目标、计划、预算、定额、经济合同，各项经济指标、规章制度等；都可以数据文件或数据仓库的形式存储于光、电、磁等介质上。因此，审计依据和审计证据大部分来自财务与会计信息系统和企业信息系统内部，特别是企业单位制定的各项数据指标和账务处理数据。

---

① 王艳丽. 校企合作动力机制及其合作模式研究［D］. 太原：太原科技大学，2010.

第五章 会计智能化概述

第一节 会计的人工智能化转型

伴随大数据时代的到来，以云计算为代表的现代信息技术被广泛应用于各个行业，一场以"新时代"为标签的数字革命，正逐步改变着人们的生活。不同领域内人工智能的应用率持续提高，人工智能结合企业财务也成为了国内企业开展财务工作的主流形式。宏观而言，会计核算在国内的整个发展进程可归纳为手工会计——会计电算化——智能会计，会计实践的技术性逐步增强，智能技术逐步取代会计人员，成为影响会计发展的决定性因素，这一过程中会计数据的收集、处理与分析能力不断增强，同时精准性也登上了更高的台阶。然而就会计领域内人工智能技术的具体应用情况而言，其应用水平依然相对较低，尚有诸多难题亟待攻克。

一、我国人工智能在会计上的应用现状

（一）人工智能使会计复杂任务自动化

人工智能发展初期是以复杂任务自动化为主要任务，也是信息化高级阶段的主要标志。伴随人工智能技术的发展与应用，一系列复杂性极强的会计任务实现了自动化发展，如以物联网为基础的企业管理决策、审计师选派、会计准则的具体执行等。目前会计领域内人工智能的应用，主要表现为核验与查重会计凭证、传统原始凭证人工网站查询方法的整合与优化，将原始凭证核验变人工化为自动化。各层次会计工作与人工智能的有机结合所发生的变化，主要表现为会计基础数据的收集与处理，由人工操作演变为机器自动实现，同时部分常规化的决策也交由机器完成，而财务业工作者同样需要具备相应的会计理论与意识。

（二）人工智能帮助财务开展大数据分析

人工智能系统可以从企业自身发展的财务情况入手，与当前行业背景及政治经济全球化环境相结合，对相关数据加以归集，并据此构建相应的数据模型，同时结合各方面变化

对数据模型进行实时修订，以期将最原始、最客观的数据资料提供给经营者。从时空差异入手对企业进行系统分析，并将相应分析结果提供给企业管理者，尽力拓展企业发展空间，以使当前制约企业发展的短板得到有效补充。譬如产品成本：从工艺流程入手对人工成本及直接费用加以核算；基于产品结构对直接材料加以核算；合理归集分配各层次成本中心的费用以完成间接费用的核算。

（三）人工智能实施财务风险控制

所谓财务风险智能防控，是依托人工智能实现人类直觉推理与试凑法的形式化发展，以强化财务风险防范能力。面对未知或不确定性因素时，现代财务风险防控系统或许会采用部分充分性不足或完整性不强的数据，财务风险智能控制从技术层面为该问题的处理奠定基础。现阶段财务风险智能控制的主要流程集中表现为：①通过神经网络法与模糊数学相结合的方式，实现财务风险控制的动态环境建模，并以传感器融合技术为依托实现数据的预处理与综合；②以专家系统的反馈结果为参照，就控制模式及参数或控制环节加以优化调整。

二、人工智能时代财务会计转型面临的挑战

（一）思维挑战

唯有不断强化创新意识与变革理念，以此推动企业传统财务模式的变革，才能以管理会计逐步取代财务会计。这就决定了一味强调从专业素养与业务能力，对企业会计从业者进行强化培养是远远不够的，持续强化其转型意识更为关键。然而就当前客观情况而言，真正认识到思想意识变革与企业财务会计转型间密切关系的企业寥寥无几，仅以工作内容与业务模式为主要转型对象，人为限制了管理会计的发展，致使财务部门与管理部门间职责不清、分工不明，无法发挥最大化协同效应，进而对转型效果造成一定负面影响。

（二）技术挑战

无论对企业还是对会计工作者而言，人工智能技术均是从未接触过的全新领域，因此人工智能技术的具体应用，成为企业乃至每一位会计从业者的必修课。人工智能加大数据模式高速发展的宏观形势下，企业信息数据库随之实现规模化发展，这就决定从数据库海量信息中甄别有价值信息的难度随之升高。企业在规模化数据库中挑选与自身发展相匹配的数据信息，信息处理的时效性相对较低。操之过急俨然已成为国内企业财务会计转型的通病，前期准备工作并不充分，进而使得会计从业者关于大数据技术的理论与知识储备过于薄弱。

（三）管理挑战

人工智能技术在会计领域内的应用，导致传统财务会计面临前所未有的挑战，企业需真正意识到企业财务发展中管理会计的核心地位与重要作用。通过调查发现，当前国内企业并未意识到管理制度转型在财务会计转型中的重要意义，大部分企业并未契合自身实际建立健全的管理制度体系，进而导致转型受阻，这既会对企业的可持续发展造成一定阻碍，同时与时代发展形势背道而驰。忽视管理制度的转型，会严重制约会计从业者的职能转型，进而导致不同部门间分工不清、职责推诿，最终导致协同效应的发挥受阻。

三、人工智能时代财务会计优化转型措施

（一）财务管理观念转变

大数据时代下，企业唯有不断推动自身财务会计向管理会计的发展，不断提升对管理会计的重视，才能为自身与时代发展产业的有机融合创造条件，进而实现时代化的发展。但财务会计的转型无法一蹴而就，需各方面协调配合，其中最关键的当属企业财务工作者管理理念的变革。伴随人工智能技术的应用，原本由人工执行的财务会计基础工作，均由人工智能技术完成，这就决定财务工作者的任务将随之发生改变，其再不局限于简单的数据抓取与分析，转而演变为人工智能所无法取代的工作内容，因此工作难度随之加大，这对管理工作者的理论知识与实践能力提出了更高要求。所以一味强调企业而忽视财务工作者的会计转型是行不通的，会计工作者同样应强化自身对转型的认识。以管理会计取代财务会计，会导致会计从业者的工作负担加重，会计从业者需不断提升自身的数字化技术应用水平，这就决定企业必须将会计从业者思想转变作为重点内容，纳入转型前期筹备工作，帮助会计人员从根本上意识到自身职能的改变，以期为企业会计的转型提供长效驱力。

（二）财务管理内容转型

第一，由会计核算到决策的转变：财务工作者在大数据信息处理与人工智能技术的共同促进下，推动自身数据抓取与分析能力的持续增强，精准定位有价值信息并实时处理，以期从数据层面为管理层分析决策奠定有力基础。建立健全财务会计转型标准，并就管理岗位与财务岗位的职责加以明确，充分发挥两部门的协同效应，推动财务部门变型。第二，人工智能技术与企业财务会计的有机结合，应切实提升企业的资源整合能力，同时带动企业数据抓取与分析能力的增强。作为企业信息处理体系的重要组成环节，人工智能的引进切实补足了企业智能数据分析体系的短板，将系统模式的建设提升到更高水平。第三，建立健全部分管理与绩效评估体系，财务会计转型以财务工作者职能转变为核心，将

多元多样的绩效评价指标与评价方法纳入绩效评价体系，充分激发财务工作者的工作积极性。企业应从自身发展实际入手，为自身量身打造多维评价体系，并引进综合管理会计中平衡计分卡的有关指标，实时跟踪并客观评价财务人员的转型情况，并与奖惩体系相挂钩。

（三）财务数据系统建设

大数据时代下，数据分析与处理能力对于企业而言，有着不容取代的重要意义。企业需持续强化自身的数据整合与分析能力，从数据层面为企业的资金管理及财务决策提供依据，才能为财务会计向管理会计的转型创造条件。第一，企业应综合多方考量，搭建相应的数据收集管理框架，明确数据管理范畴及内容，从思想上意识到数据管理的核心意义。第二，尽快建立健全企业数据库，且以企业发展规模为调整企业数据库规模的决定性因素，企业应从资金层面为数据库建设提供保证，财务部门需将客观而真实的分析数据，提供给数据库，通过数据库的大数据分析比对，将分析结果反馈给企业管理者，以期为管理层的企业决策提供强有力的数据支持，在企业内打造信息共享、循环利用的局面。第三，重视企业财务管理者数据分析能力的整体提升，定期组织培训活动对企业管理者进行强化教育，帮助他们掌握最系统、最前沿的数据分析与处理方式，使其以财务数据的抓取与分析结果为依托，更好诊断企业运作过程中所存在的问题并科学处理，以推动企业健康发展。

（四）财务风险防范

伴随人工智能技术的高速发展，加之发展势头迅猛的大数据技术的共同作用，管理会计在企业会计中逐步占据更高的地位，尽管财务会计及管理会计均是以为企业管理决策提供客观真实且有效的数据支撑为主要目标，然而从关注重点来看，二者的差异极其显著，管理会计以会计监督作用的最大化发展为关注重点，及时掌握企业内部管理与成本控制情况，为管理会计的监控提供数据支持，绩效考核与财务评价齐头并进，能最大化发挥财务业绩考核与管理业绩考核的协同作用。采用两标准相结合的方式，精准评价各部门工作情况，可使会计工作的过程管控作用得到最大化体现。在数据库中，人工智能系统以计算机技术为依托有力保证数据的准确性，并根据相应数据制作财务报表，健全财务监管体系，以期将企业的财务风险管理能力提升到更高层次。

伴随大数据时代的到来，人工智能技术与企业财务会计的有机结合已成必然之势，然而这并不表明财务工作者及财务会计工作将退出历史舞台。企业财务工作者应从理论、实践等层面持续强化自身实力，不断提升自身综合素养、强化时代性，以顺应人工智能的时代发展形势，以期在企业发展中久居不败之地。企业应从自身实际出发，科学引进与自身财务发展相契合的人工智能产品，进而为企业财务发展提供保障。

第二节 人工智能化对会计工作的影响

人工智能是一门新兴科学，它正在悄悄崛起，它研究和开发理论、模拟、技术、方法和应用系统，用以扩展人类智能。计算机技术领域的一个重要分支就是人工智能，人类智力所做出的反应与它的反应类似。它的研究范围包括专家系统、自然语言处理、图像识别、语音识别和机器人。它在理论和技术上都变得规范化且越来越成熟，其应用领域越来越广泛，已逐渐扩展到会计行业。人工智能不仅能够模拟人类意识还能够模拟人类思想。人工智能并不简单是人类的智能，但是神奇的是它不仅能够像人类一样去思索各种问题，还会比人类聪明万分。

人工智能是一门让人类想去挑战的科学。它可分为如下两部分，首先第一部分是"人"，然后第二部分是"智能"。人工"人工制度、易懂和无争议"是人工制度的常识。关于智力是什么还有更多的问题，包括意识、自我和心灵。人类所研究的智能只不过是自己的智能，但人们对自己智能的理解是如此有限，很难定义什么是"人工智能"。

自20世纪70年代人工智能问世以来，它就始终被认为是世界上遥遥领先的三大技术之一，同时也是21世纪以来最尖端的三大技术之一。

一、会计人工智能的发展及应用现状

随着科学技术无比迅猛的发展，尤其是当下信息时代，它与人工智能的联系越来越紧密。由于人工智能技术的不断成熟和蓬勃发展，其研究范围和应用范围将会越来越广泛，包括会计在内。

如果在经济中使用人工智能的经济得不到科学技术的支持，科学技术就无法发展。虽然经济创造了一定程度的科学技术，但原始人工智能并没有在经济上得到应用和发展。

目前，人工智能已经在教育行业得到广泛的应用。国家发展的关键问题涵盖了交流沟通和教育。促进教育发展和国与国之间的有效的智能交流是教育的必要因素之一。智能教育的可持续发展无疑能够促进国家、学生、教师和家长之间的密切交流。

人工智能的蓬勃发展能够分为如下四个阶段。第一个重要阶段就是计算机智能（1956年-1980年）。人工智能已经在语言处理上和解决问题上取得了很大的进展，可是由于机器翻译的最终失败和消解法推理能力遇到了困难，政府和投资人开始对人工智能的发展失去信心，人们开始对人工智能的发展产生怀疑，因此投资人减少资金的投入，资金开始急剧减少，人工智能的发展经历了第一个寒冬。第二个阶段是认知语言能力（1980-1993），人工智能研究体系诞生于20世纪80年代，它的商业价值逐渐被大众认可。第三个阶段是人工智能。认知智能：随着现代科学技术的飞速发展、硬件成本的不断降低、数据的不断收集和技术的不断成熟，人工智能已经开始了一个爆炸性的时期。很多人工智能产品如雨后春笋般蓬勃发展。第四个阶段（2016年至今），IBM率先推动了创新的第一波浪潮，尤其在商业化乃至全球人工智能核心业务方面，特别是在李世石反击新闻报道后，阿尔法价格逐渐走高，很多人开始探索人工智能领域，越来越多的公司开始进入人工智能行业，自然语言技术、深海算法、人们耳熟能详的词汇，如神经网络和人工智能等产品和服务正逐渐渗透到人们的生活中。

二、人工智能对企业财务会计工作的影响

（一）人工智能的积极作用

在人工智能的科技时代，人们将利用会计智能软件完成许多麻烦的工作，大大提高生产效率，大幅度减少工作上的失误，极大地提高了企业核心竞争力，这将有助于促进会计行业的转型。一些小企业在传统会计岗位上，不相容的岗位并没有真正分开，财务人员不仅管理资金和账目、财务会计账目混乱，为财务造假和不法分子谋取私利创造了虚假机会。而且在人工智能环境下，大部分会计工作都是由计算机完成的，会计人员只需对其进行审核。循环结束时，系统将自动平衡测试。人工智能在一定程度上大大降低了财务作假的可能性。

在传统会计岗位上，报表的形成、账簿的登记及凭证的生成，严重依赖会计人员的认真负责的校对。这会很容易出错，导致会计信息丢失或错误。如果企业利用会计软件来进行会计核算校准，无疑会大大减少工作上的差错，会大幅度提高会计信息质量。

（二）人工智能的潜在危险和对会计行业的冲击

人工智能的安全性还不足，这可能会导致人工智能中核心数据被盗，甚至会致使企业重大机密或私密数据的完全泄露，结果是难以想象的。人工智能也有不可控性，例如程序突然出现错误，或者程序可能莫名其妙失败，这无疑增大了数据丢失的可能性。另一方面的不可控性取决于科学技术的快速发展。在未来，可能会出现自主的、强大的人工智能，能够自主学习、重新编程和处理代码，并可能承担一定的风险。从社会角度来看，存在过度依赖人工智能的风险，这可能会破坏财务会计领域的学术研究和基础理论探索。中国的人工智能相比其他国家较为开放。时至今日，法律更新的范围远远达不到会计人工智能的发展速度。人工智能得到便利的同时，也毫无疑问地会产生一些不可避免的法律风险。

人工智能金融机器人将财务会计与人工智能相结合，它可以在极短时间内既准确又快速地完成基础工作，哪怕是传统工作中耗费大量人力、物力的工作。因此，许多基本的会计工作将被取消，如基础会计、费用往来会计和核算会计。会计市场已经趋于饱和状态，市场需求远远小于会计供给，资格证书不再越老越受人们欢迎。

三、企业财务会计工作应对人工智能的措施

(一) 高校会计教育实用性变革

随着人工智能在生产和日常生活中越来越普遍，这无疑将是会计领域千载难逢的机遇。毫无疑问，这将会是一个巨大的难题。对会计人员来说，高校会计实务改革就必须首先转变人才培育目标。过去会计往往提供信息，所以学校的教学大多集中在"会计"培训上。在当今时代发展模式的重要基础上，管理职能地位得以显著提高，尤其在会计职能中的战略地位，由以往的显示价值到现在的创造价值，这无疑是会计工作的主要职能的重大变化。因此，高校更应该审时度势，去顺应时代的呼声和需要。他们不仅要掌握学生的专业知识，还要加强管理和数据分析能力。二是增加管理会计培训相关内容。增设对应实用课程，这样方能使得人才培养质量得以提升。高校还应充分利用资源，增设成本控制、绩效考核等一系列管理会计专项课程，努力向管理会计方向、向社会培养人才，充分利用每一个学生创造价值的无限潜力。三是让人工智能进入大学课堂，不断去增加一些实践课程。在当前时代浪潮下，每一个行业的新发展都需要紧密依靠新技术、新技能和新知识。把人工智能带到大学课堂，给学生得到实际体验无比重要。会计的智力操纵主要是开拓学生的创造性思维，让他们学会用智能解决相关问题。

(二) 会计从业人员需求特质的转变

在人工智能的浪潮中，作为金融工作者，我们不仅应该看到财务职能带来的效率和便利，还应该认识到人工智能给会计行业带来的机遇和挑战。挑战是大量基础工作的转移以及大量基础工人面临的失业危机。机会是抓住这一变化，努力提高自己的价值，加速自己的升级和转型，顺应时代潮流，了解管理会计的重要性，学习管理知识，并成为企业价值的创造者。社会不可或缺的人才。它就像一把双刃剑，是各有千秋，各有优缺点的。特别是在会计行业中，尽管会计和企业会计取代了大量职位，但是在基于现有数据和整体环境进行预测和决策的工作中，人们仍然需要做出合理的判断。因此，我们必须牢牢抓住千载难逢的机遇，正确科学地规划我们的职业生涯，积极转变管理和复合型人才。

(三) 对传统思维观念进行转变或创新

在当今时代，会计是一个令人望而生畏的行业，它的替代能力很强。随着科学技术的飞速发展，人工智能在各行各业表现出愈发流行的趋势，一些会计人员特别容易被人工智能所顶替。因此大多数低端会计人才都应该将眼光放在未来，所以提升自身能力是基础，并努力在会计行业中占据一席之地。作为一名优秀的会计人员，如果仅拥有少量会计知识且不去更新是肯定不够的。我们需要全面提高自身综合能力，积极学习审计、税法、战略

等方面的精妙知识，提高自身数据分析的能力，变为综合型高端会计人才，实现手工工作与会计软件工作的结合，最大限度地提高工作效率，提高应用专业知识的能力，成为不可或缺的人才。

（四）增强安全意识，确保财务信息安全

人工智能的兴起，与之相伴的信息安全问题也已来临，信息安全问题走入人们的视野，受到人们的广泛关注和极大重视，财务管理方面作为一个单位最核心的业务，安全问题更是不容小觑。在系统安全方面，财务机器人运行主要是根据训练模型，通过 AI 算法程序运行来对数据进行处理和分析。在此过程中，如果出现外部人员非法入侵其中任何一项对其进行改写，都将会对企业造成重大经济损失，做好数据采集、存储、传输、共享、使用、销毁等步骤的重要数据的安全性，避免数据被非法访问者抓取、破坏、修改、损毁等手段造成会计行业混乱，这也是目前互联网时代和人工智能时代一直需要直面的问题。人工智能应用于会计领域，虽然能带来效率的提升，但它所带来的风险也是不能忽视的。网络的安全建设工作是重中之重，现阶段我国遗留很多未能解决的网络安全隐患。这需要企业能够定期升级和改善自己的系统，而会计师则需掌握吸收更多的网络知识，以便可以应对挑战，这样就会不断减少由网络所导致的系统漏洞甚至信息泄漏。

（五）改变思维模式，树立终身学习目标

人工智能的发展无疑会对会计人员提出更加严格乃至严苛的要求。对于会计从业人员来说，以往的工作学习内容已经远远不能满足胜任当前会计工作的要求，尤其在人工智能技术的广泛应用中，极难满足各种要求。因此，对于那些未曾被时代淘汰的相关人士，必须树立起一个重要理念，那就是终身学习。在会计工作中，应该看出人工智能技术的发展带来的生存危机。不断学习实践，更加严格鞭策自己，提高自身综合素质，更新自己知识，以更融洽地适应人工智能技术，跟上它蓬勃发展的脚步。在日常工作中，会计从业人员只要加强对人工智能的深入研究和新业务在会计领域中的应用研究，充分理解并掌握会计行业的新兴模式，懂得管理基础理论和电子信息的相关技术，那么就一定会提高基于会计的强有力的竞争力。

人工智能的迅猛发展无疑是科学技术突飞猛进的体现，它是当今时代进步的必然，人工智能的不断创新将会为会计领域带来深远的影响，涵盖了再造会计核算流程，这将会大幅度减少会计信息的失误和失真，大大提升会计的工作效率，有助于推动会计职业架构的成功转型。人工智能必然会为会计行业带来好处，但是我们更要提防人工智能所呈现的新风险和新挑战。如果要人工智能技术服务于会计领域，对于公司层面，一定要树立正确的价值走向，这样方可推进人工智能在会计领域发挥重要作用。不得不说，人工智能的迅猛发展带来的是机遇，但是也有激烈的挑战，因此人工智能对会计领域产生的深远影响还有

它在会计工作中所产生的作用，我们一定要一分为二的看待。对于人工智能技术日复一日的迅速进步，我们会计工作人员应当积极看待，严于律己，不断地去提升自己的素质，积极去融入新环境，坚持终身学习的理念，去汲取新的科学知识技能，这样方能游刃有余地去应对工作中的各种棘手的问题。

经济的迅速发展和社会的进步深受人工智能发展的影响，财务人员应依据当今形势迎接严峻的挑战，酌情审视，及时了解、及时关注人工智能对财会带来的深远影响和挑战，应深入研究如何有效地熟练操控人工智能，成为人工智能的使用者而不是被它所代替，使自己成为高端复合型人才、企业战略的决策者和制定者。管理会计是对财务会计工作的一种伟大超越，管理会计更倾向于对经济活动的控制和规划，帮助管理者做出正确决策，是会计行业将来的必然常态。在人工智能的迅猛发展下，管理会计必然会和人工智能协调发展，尤其是在企业的未来规划、控制及决策等方面的作用将日益凸显出来。

第三节　智能化趋势下会计人才培养

以财务共享中心为代表的各类财务智能模式已经在我国企业中得到广泛运用。据中兴新云 SSC 数据库显示，截止到 2021 年初，我国境内的共享服务中心已经超过了 1000 家，其中华为、中兴、中建等企业均实现了财务智能化。我国政府也一直在持续关注并不断推动会计智能化的大力发展，2021 年 12 月财政部印发的《会计信息化发展规划（2021-2025 年）》指出，要深入推动单位业财融合和会计职能拓展，加快推进单位会计工作数字化转型，完善会计人员信息化能力框架，创新会计信息化人才培养方式，打造懂会计、懂业务、懂信息技术的复合型会计信息化人才队伍。然而，会计人才的培养却严重滞后于财务智能化的发展速度，不少院校因专业师资和基础设施配置不完善等原因，仍沿用原有培养方案，致使多数会计学专业学生毕业后难以适应社会需求，导致人力资本市场呈现会计人才供需错配局面，一定程度上阻碍了社会经济的数智化转型。

针对以上情况，学者们已经有了一定的研究。程瑶聚焦财务智能中的新兴技术"互联网+"，探索"互联网+"环境中会计本科教育的顶层设计，她认为高校应当从建设网络基础设施、优化教育管理系统设计、改善会计学专业课程与教学三个层面出发完善会计本科教育的顶层设计。唐大鹏、王伯伦等侧重描写了数智时代会计教育的供给侧改革途径，提出了深入推进校企合作创新、加强师资队伍建设创新、推进学科交叉融合创新、重构会计课程体系创新、探索会计教学方式创新、加强智能教育平台创新等举措。而舒伟、曹健等则是基于"新时代高教四十条"，对处于数字经济时代中本科会计教育改革提出了实施路径。

国内学者较多地从会计教育供给侧讨论了财务智能化环境下我国会计教育改革，提出了丰富与深刻的见解。较少有学者深入地从会计人才培养需求侧出发，探讨财务智能化背景下我国会计人才的角色定位，分析财务智能化环境下我国会计人才能力适配，进而探索我国会计人才培养的改革。因此本节将从财务智能化趋势入手，针对会计人员在工作中四种角色的内在需求，提出与之相适应的会计人员应具备的能力，进而提出会计人才能力重构的路径，以培养复合型多元化高端会计人才。

一、财务智能化趋势下我国会计人才的角色转型

当前市场经济活动中，会计人员扮演着举足轻重的角色，其职责包括客观公允地计量、记录、反映企业资金运动，为利益相关者做出决策提供有价值的信息。国内外相关研究报告如 IMA、ACCA 的研究表明，未来财会行业的黄金发展机遇已经凸显，这些黄金机会代表着新兴的职业机遇。同时，随着企业创新变革、新商业模式的不断演进以及技术的飞速进步，财会行业的职业道路随之也变得更加多样化，会计人员既可以据此进一步拓宽传统财会职业道路，也可以尝试跨领域开辟新职业道路，进而重新定义其职业生涯。因此，本节依据以上报告中关于未来会计人员在财务中扮演的角色描述，并且结合当前高校会计人才培养目标，将会计人员未来的角色定义为职业道德践行者、数智技术实践者、业财融合引领者、企业转型推动者。

（一）职业道德践行者

早期的獐子岛事件、康美药业以及近期的瑞幸咖啡财务舞弊案，都给国内资本市场带来沉重打击。财务舞弊案件的频发，暴露出我国企业诚信的失防、会计人员职业道德的缺失。尤其是在财务智能化趋势下，数据泄密更加容易，财务舞弊的手段也越发隐晦。

会计人员的职业特殊性使得其能够直接接触企业资金并进行财务处理，进而把控企业经济命脉。面对财务智能环境的全新挑战，会计人员更应坚持企业会计职业合规准则。例如，会计人员在处理数据时必须时刻坚守职业道德底线，充分考虑不同数据的获取来源、处理流程、报送机制等是否处于合规监管之下，是否存在违规处理数据的情况，针对数据处理各环节是否存在外借指令文件等。作为职业道德践行者，会计人员在未来学习中，还应深入分析资本市场中违背合规性的案例，挖掘深层次潜在的舞弊机制，并结合企业实际情况，防患于未然，进而对外界不断变化的环境时刻保持清晰认识与敏锐洞察力。

（二）数智技术实践者

伴随财务智能化趋势的进一步扩大，会计人员会面对越来越多的半结构化数据与非结构化数据。因此，在业务层面上会计人员扮演着数智技术实践者的角色，利用新兴技术和分析工具从海量数据中发现问题，助力企业完善业务流程并健全财务管理机制。同时，作为数智技术实践者，会计人员应积极支持企业不断积累各类数据集，将财务团队转变为企业的数据分析巨头，挖掘对企业有价值的信息，对不同的业务动态和场景进行财务建模，

做出具有前瞻性的有效分析，以探索新的商业模式、新的入市渠道、进行新投资的商业论证，进而助力企业短期创造竞争优势和长期持久发展。

(三) 业财融合引领者

在财务智能化趋势下，传统的会计核算逐渐向业务渗透。传统会计核算中会计人员处理公司业务多为事后核算，意味着相关业务完成后再由财务人员核算出财务数据如收入、成本、利润等基本信息，最后将此类财务信息报送给利益相关者。而智能时代会计人员应担当业财融合引领者，不再拘泥于事后获取业务数据，不再局限于会计准则的要求，而是应将眼界扩展至产业链的上下游，放眼于竞争对手信息、行业发展趋势、市场政策导向等。会计人员还应通过智能软件操作第一时间追踪企业业务办理流程，实时监测企业上下游产业链的数据信息，主动融入业务经营中，做到全流程、全场景、全周期地把握业务，进而保证会计人员能够"用业务故事讲解财务报告"。

(四) 企业转型推动者

企业转型推动者作为组织变革的架构设计师，需要推动企业未来发展战略制定、重大的改革方案、财务运营转型等。由于财务智能化带来的颠覆性变化，新运营模式、新产品与服务、新平台经济等越发能影响企业的发展与转型。基于此，会计人员应切实转变为企业值得信赖的"顾问"，对数字经济的敏锐力促使其能够全面了解企业外部的政策、经济、社会环境，并结合企业实际情况提供更为广泛的管理服务，为企业转型改革提供可行的建议与对策。

二、财务智能化趋势下我国会计人才的能力适配

当前，高校向社会输送的多数会计人才能力水平并不能达到数智时代企业的实际所需，由此出现了供需不匹配的情况。部分高校在会计人才培养中过分注重学生基础知识能力培养，而较少从企业实际需求出发去探索会计人才培养模式，进而导致目前的会计人才无法满足财务智能化趋势下会计职业要求。基于当下会计人才职业能力短板，本节将从复合专业实操能力、数智技术应用能力、综合素质拓展能力三个角度剖析财务智能化趋势下会计人员为满足未来角色定义应当具备的能力示。

(一) 复合专业实操能力的培养

多学科交叉运用能力。新兴的人工智能技术大体上已经可以替代会计人员从事的机械性、繁琐性账务操作，会计凭证、财务报表的一键录入与自动生产也已成为现实。这促使着会计人员进一步向高端会计人才发展，而高端会计人员应储备多类学科理论知识，如法学、经济学、管理学、计算机、外语等。多学科交叉背景知识有助于会计人员提升自身在

企业中的价值，摆脱传统单一角色，多角度为企业做出战略性决策，促进企业财务战略变革。比如企业遇到在不同法律环境下的交易，多学科背景知识能够保证企业在交易过程中合理避开由于政策法规制度不同而带来的不必要损失，保证企业跨国交易的可行性与合规性。

同时，会计人员也应注意到会计与财务专业技能是会计人员基础核心能力，是实务操作中应具有的基本能力。面对财务智能化趋势，扎实的财务会计实务水平是指导一切工作的前提。一切新兴技术能力的运用最终将会落脚于会计学专业知识，没有专业知识储备作为账务处理基础，再先进的技术也同样难以发挥其作用。因此，会计人员应当重视对专业知识的查漏补缺，深入学习财政部等政府部门出台的最新政策及其解释，掌握会计实务操作中的业务处理方法。

职业判断能力。当前处于信息大爆炸时代，智能化技术的运用需要会计人员具有更强的职业判断能力。例如，区块链技术在财务领域中的应用打破了过去的会计记账模式，从一个主体集中式记账模式到多个主体分布式记账模式，参与记账的各方通过同步协调机制保证了多个主体之间数据的一致性，规避了复杂的多方对账过程。但在这一过程中，由于不同方的入账均会显示在自己账簿上，因此，该过程就需要会计人员具有准确的职业判断能力，即判断该笔业务是否符合本企业会计处理规范。面对财务智能化趋势下的企业风险管理，会计人员要对数据应用建立批判性思维，不能一味地依赖财务智能化机器人的使用，而是应当以会计学专业思维为基础，从专业角度进行深度思考，对可能存在的风险点进行把控，合理运用职业判断，从而有效规避企业风险。

（二）数智技术应用能力的塑造

上海国家会计学院会计信息调查中心颁布的《2021年影响中国会计人员的十大信息技术评选报告》明确表明了当前信息技术对财会行业的冲击，财务云、电子发票、会计大数据技术与处理技术等已深深影响到会计工作，并对会计人员提出了新的要求。财务智能化时代，除了基本的知识技能与软实力，数智技术应用能力也已经成为会计人员作为数智技术实践者的必备能力，其并非简单地运用 Ex-cel 等基础软件操作数据，而是指需要更多地运用 Stata、Spss、Eview 等前沿数据处理软件进行数据挖掘、筛选、宏微观分析及处理的能力。尤其是在数据清洗过程中，会计人员应通过熟练操作新兴数据分析工具，摆脱传统头脑风暴抉择模式，更多地通过数据助力企业进行决策与管理风险，通过数智技术应用结合具体业务场景与商业模式，提高财务部门核心效率，更精确地预测未来发展走向，进而为企业发展提供更具专业性的建议。

（三）综合素质拓展能力的提升

基本职业道德。良好的基本职业道德是从事会计工作的基础，也为会计人员的发展与成长指引方向。在财务智能化趋势下，会计人员更应将工作置于职业道德范围内，保证企业经济活动合法高效运行。ACCA 报告《AI 可持续发展中的职业道德：联通 AI 与 ESG》提到，会计人员在运用人工智能技术时应当遵守其应用的监管要求，判断是否符合本企业智能技术道德规范。整体上来说，在瞬息万变、竞争激烈的市场中，会计人员应确保数据处理、风险管理符合商业伦理的规范，保持客观性与保密性。具体到企业账务处理各个环节中，每一位会计人员应以合规方式处理业务数据，公允地反映业务数据，保障利益相关者的基本权益。此外，职业道德作为会计行业底线，能够约束会计人员，提高其违法违规成本，以此降低个人腐败风险的发生，进而为会计人员的长期发展提供保障。

沟通协调能力。在财务智能化时代，会计人员的沟通能力贯穿整个会计流程，包括企业内外各方面间的沟通协调。在企业内部，一方面，会计人员需要与其他职能部门保持沟通。一个企业的财务中心不仅仅有"财务"部门，更多的是需要与企业经营直接相关的部门互相配合，例如采购部门、生产部门、销售部门等，财务中心的数据也同样来源于这些职能部门的经济活动。在智能财务环境下，会计人员利用良好的沟通能力能够与其他部门迅速建立信息对称机制，保证数据处理流程的一致性与连贯性。另一方面，会计人员还会与管理层进行沟通，这个层面上的信息传递更需要保障高效率与高质量。因此，现代会计人员拥有良好沟通协调能力是必不可少的。

在会计人员与企业外部的沟通中，更多的是需要与外部监管者沟通，例如税务局与会计师事务所。在财务智能化背景下，企业已能一步实现网上报税，体验一站式税务服务。在面对税务局的税务稽查时，良好的沟通能力能够使会计人员清晰明了地阐述企业现行的电子纳税机制、税务申报流程、减税适用政策等。此外，在与会计师事务所沟通时，拥有良好沟通能力的会计人员能够简明扼要地对公司产品服务特色、业务模式、业务流程、内部管理（结算体系）、采购管理等做出必要介绍，以方便审计单位对企业内部环境有更进一步的了解，有利于审计工作的全面开展。

创新领导力。随着智能财务的进一步发展，会计人员的创新领导力应不再局限于具体业务，而是应立足于财务部门，布局整个企业，放眼于与企业目标相一致的清晰数据视角。企业数智化转型过程中的财务转型并非孤立展开，会计人员需要根据外界环境变化对财务战略做出相应调整，并与其他职能部门统筹规划，以稳健高效的流程来评估企业绩效，调动财务部门与相关业务部门合作的积极性，进而推动整个企业的数智化转型。

三、财务智能化趋势下我国会计人才培养改革的对策

在智能财务不断取代传统会计的新趋势下，传统的会计人才培养体系在契合高速发展的财务智能化进程中，难以满足诸如上文所提到的复合专业实操能力、数智技术应用能力以及综合素质拓展能力要求。目前，我国会计人才培养从整个市场范围来看，包括中职、大专、高校本科、高校硕士研究生、社会培训以及会计人员在职后续教育等不同的培养对

象及层次，其中中职与大专会计学生培养和高端财务智能发展联系不够紧密，培养目标更侧重于前沿理论研究的会计学术型硕士和会计学博士培养与企业运营实操需求差异较大，因此，本节拟重点研究会计人才高校教育中的会计本科与会计专硕教育、会计人员在职后续教育层面在财务智能化趋势下会计人才培养改革的对策，其中会计本科与会计专硕教育在总体培养目标、培养途径、教育资源等方面具备较多的相似性。

（一）会计高校教育

本节研究的会计高校教育包括会计本科教育以及会计专业硕士教育。高校是连接学习与工作的最后一道桥梁，会计人才想要达到财务智能化趋势下企业需求的各项能力要求，就要经历高校的理论学习与专业实践。唯有通过高校成体系的教育培养，才能满足社会对智能财务背景下新型会计人才的需求。高校必须从内部资源优化、教学质量保障、学生素质拓展及外部多方助力四个方面进行改革，以培养适应市场需求的财务智能化会计人才。

1. 内部资源优化

（1）培养模式多元。过去传统会计教育重在关注会计学单一学科发展，而在多元化复合型人才培养目标下，高校应积极探索社会实际所需的会计人才多元化培养模式发展道路。在财务智能化趋势下，高校的培养模式应当做出革新，在传统单一会计学的基础上，进一步引入 ACCA 方向、CPA 方向、CIMA 方向、智能会计方向、"E+" 会计双专业等培养模式，根据不同培养模式差异化培养复合型高端会计人才。例如，ACCA 方向学生通过学习相关课程，能够较深入地掌握国际会计准则内容，进而在会计准则国际趋同的环境下，赢得跨国企业的青睐；智能会计方向则侧重于将数据处理技术融入相关会计课程中，努力培养具有高水平数据筛选、处理能力的人才，为企业财务智能化决策提供支持。

（2）物质资源完善。财务智能化趋势下会计人才的培养更需要相应的物质资源完善，所谓物质资源，具体包括智慧教室、财务共享实训室等。首先，过去仅仅利用投影仪的多媒体教学已经难以让学生直接获得贴合企业实践的知识内容。为达到提升会计人才实操能力的需求，高校应当引进人工智能会计场景教学、混合学习、信息化技能学习以及人机交互学习的实验室，加大在智能设施上的投入力度，确保智能教学设施可以达到预期的教学要求。其次，在会计人才培养资本投入等方面，高校应与具有强大研发创新能力、技术资本雄厚的科研院所及企业进行深度合作，依托企业实际工作场所，聚焦财务智能新时代背景下的会计处理方法，以培养学生的会计职业判断能力及更进一步的创新领导力。

（3）师资团队强化。会计人才培养不仅仅需要学生自身付出努力，高校师资团队作为会计人才培养的具体实施者，其作用同样不容忽视。然而，目前我国会计教育的师资力量面临着中老年教师富有教学经验但缺乏前沿新兴数智技术知识，年轻教师富有前沿数智技术知识却缺乏教学经验的局面，导致师资力量难以满足目前会计人才培养的实际所需。因此，缺乏前沿数智技术知识的中老年教师需要了解新兴业务、及时转变观念。具体措施上，高校可轮岗派遣教师前往企业财务共享中心、财务信息化部门加强学习，确保教师能够在一定程度上掌握新时代财务智能化会计技能，后续再由教师自主选择以何种方式创新教学模式。针对缺乏教学经验的年轻教师而言，学院可以采取一定期限内的"师徒制"模式，如教学经验丰富的教师通过传授自身经验，加强年轻教师对课堂教学的整体把握，从而提升他们的课堂教学质量。

（4）课程体系改建。我国高校会计人才培养的核心专业课程体系长期处于相对稳定的状态，多数课程名称、课程内容甚至于授课教师多年来基本未出现较大变化。课程传授内容难以紧跟社会经济环境变化，这种"不变"看似稳固了教学质量，但相较于时代需求的不断发展，实质上是"不进则退"，使课程设置经常成为学生以及企业 HR 所诟病的对象，在根本上无法满足财务智能化趋势下会计行业的实际需求。

当前高校会计人才培养不能再完全沿袭过去的课程体系具体理论课程的开设，要避免培养大量能力平均、同质化严重的核算型会计人才。根据 ACCA 方向、CPA 方向、CIMA 方向、智能会计方向、"E+"会计双专业等各类培养模式，应有目的性地设计特定课程，满足不同学生发展方向的需求。此外，通识理论课程应当受到更多关注。在过去的会计人才培养体系中，课程设置往往强调专业技能重要性，而忽视了会计职业道德的必要性。很多高校的职业道德课程开课数量少，甚至不开设会计职业道德理论课，这明显有悖于社会发展的需求。因此，现代会计人才培养应当进一步提升对会计职业道德教育的重视。高校还需要认识到新趋势下会计人才培养中对学生的思想教育始终不可放松，使学生树立正确的价值观是教学的关键内容之一。高校需要将"思政课堂"进一步推广，使得思想政治类理论课程始终与专业课程并行发展、相辅相成。

（5）课堂教学创新。在满足基本教学条件后，高校同样应当围绕实施的教学内容，辅以高效的教学方法，为学生呈现高质量的课堂教学。在教学方式上，"互联网+"技术改变了教师的传统教学，高校教师应当脱离"填鸭式"教学，利用互联网，实现教学资源整合，让学生成为课堂教学的主角。在授课过程中，教师可以通过文字材料、案例、视频等富媒体资源，采用分析讨论等更直观的教学方式，提升学生主动参与学习的积极性。通过自主参与的模式更高效地提升学生自身综合素质能力，培养学生正确的价值观以及会计职业判断能力。同时，相互合作讨论乃至辩论可进一步强化学生的沟通协调能力。例如，高校教师在课堂中引入云课堂、优学院、慕课等新模式，提升学生数字化与网络化思维。在此基础上，线上教学不仅可以更好地剖析传统黑板教学难以深入研究的经典案例，而且能更为便捷地提供前沿智能财务知识。线上教学主要是对交互式教学方式的具体落实，提高学生对课上所学内容的综合运用能力、表达能力与交流沟通能力。同时，教师应利用互联网提升课堂教学的趣味性，例如结合当前财会领域热点议题，让学生通过小组形式利用数据化信息检索手段，搜集相关的案例或交叉学科信息，并最终通过学生讲解的形式达到教育的目的，在保障教学质量的同时还能增强学生对会计相关领域的兴趣，让枯燥的会计理论学习不再拘泥于文字，使课堂教学因创新的教学方法而更生动活泼。

2. 教学质量保障

（1）学生学习考评。在对学生的考核评价上，高校需制定覆盖日常教学过程中各个关键环节的质量标准和规范，具体包括线下和线上课堂规范、实习实践报告规范以及毕业论文（设计）规范等。在日常考核中，高校可以在现有普遍的"平时成绩+考试成绩"模式上更加细分，从"线上+线下"双层级对学生表现进行测评考核，并且通过各类统计软件以及计算机技术进一步合理规范管理日常教学中的各类考核环节；同时，可以根据专业培养的不同方向和课程中的不同侧重点设计多样化的评价指标，拓展构建多维度评价模式，并合理分配参考权重，使得学生成绩考评结果更加全面、综合以及合理。

（2）教师教学监督。高校应当建立相对应的教学督导委员会、组织机构以及相关各类岗位，确保能够形成流程完善、职责清晰的质量保障组织体系，定期对教师的教学方法、教学内容进行监督。尤其是在立德树人理念下，旨在回答培养什么样的人才、如何培养人才等，高校还应加强对教师专业道德素养考评。在会计教育中，高校应当将专业课程思政纳入考评体系，建立具有中国特色的会计教师考评机制，衡量教师是否在专业课堂上结合了中国特色社会主义基本思想，引导教师在课程中重视对学生价值观、世界观、人生观的培养。

3. 学生素质拓展

（1）高四商的培养。在财务智能化趋势下培养高素质的会计人才要着眼于学生高四商的素质拓展培养。高四商即为高智商、高情商、高数商、高德商。此处的高智商并不是指受先天条件所限的智力水平，而是指会计人才在面对繁杂的账务处理业务中的高水平职业判断能力。同样的，情商也不是广义上个人层面的人际交往能力，更多的是侧重于会计人才对于部门内外甚至企业内外的沟通协调能力。此外，高校还应当注重对会计学生高数商与高德商的培养。高数商即为对数智技术的灵活运用，在财务智能化趋势下，会计专业学生走上工作岗位后会面临多种类型的数据，面对各类财务数据与非财务数据间的勾稽关系，高数商能够帮助其迅速透过数据看清业务本质。因此，在会计人才培养中，高校应打通数智与财务隔阂，积极探索智能财务系列课程教学。高德商则是应具备良好的会计职业道德，从传统会计人才教育到财务智能化高素质人才培养，倡导学生坚守会计职业道德，使学生明白这一坚守从未改变甚至变得更为重要。高德商的培养应当将职业道德融入高校教师日常教学中，通过正面引导教学或案例教学，规范会计学生未来的职业行为。

（2）专业文化建设。会计专业学生素质培养还可以通过会计专业文化建设来实现。会计专业文化建设旨在内部营造良好专业氛围，可以通过打造"第二课堂"提升学生对会计专业的认可度。第二课堂是一种从学生的自身需求角度出发，加强课外管理育人、服务育人，推动自主学习、合作学习，注重专业引领和榜样示范，以形成浓厚的"比学赶帮超"

会计专业文化。具体而言,第二课堂的形式包括:一是全程导师制,贴合实际情况引导学生职业发展;二是开设财经大咖沙龙,通过成功人士亲身经历引领学生职业发展路径;三是建立专业公众号,定期推送优秀榜样点燃学生内动力等。第二课堂可通过社会科学中诸如法学、社会学、经济学乃至传播学等不同于管理学却又与会计这一管理类学科息息相关的其他学科入手,拓展学生视角,提升学生多学科交叉运用的能力。此外,高校更要注重不同年级阶段学生的不同需求,做到课程开设有目的性、时间选择灵活性,切不可忽视学生兴趣,以任务化、格式化的教学内容强加于学生,避免灌溉式教育的情况发生,要使其真正成为有价值且更有活力的教学课堂。

4. 外部多方助力

(1)专业标准制定。国家教育部门需要切实为会计人才培养的重构提供政策辅助,及时修订和完善《工商管理类教学质量国家标准(会计学专业)》(简称《标准》),为高校的会计人才培养起引导作用。在 2018 年,教育部发布的《标准》对高校会计学人才培养提出了基本要求,成为目前会计学本科专业设置、指导专业建设以及评价专业教学质量的基本依据。然而,在这一版的《标准》中并没有充分反映智能财务时代下的会计人才培养。新形态、新时代的专业准则应当立足于会计行业的未来,特别是要根据数字经济时代对会计人员能力的要求,基于人才的全面发展,坚持立德树人原则来修订和完善。因此,本节建议教育部门在修订和完善《标准》时要以培养综合素质为基础,从而满足数字经济时代社会和企业对会计人员能力上的新需求。

(2)教育理论创新。学术界需要提升高校会计教育理论研究的广度与深度。进一步从国外优秀高校会计人才培养模式中汲取经验,并结合我国实际国情,创建具有中国特色、适应我国社会发展的会计人才培养体系。我国作为一个尚处于发展中的大国,在会计教育的理论研究上起步较晚,在发展过程中遇到的问题不仅带有历史发展的特征,还具有自身的独特性。因此,学习和借鉴其他国家和地区的会计人才培养经验,是我国创造性地解决目前会计人才供需错配问题的重要手段之一。

(3)"政产学研"协同。高校应当积极实践"政产学研"协同。2019 年 2 月由中共中央、国务院印发的《中国教育现代化 2035》提出了推进教育现代化的八大基本理念,包括更加注重融合发展、更加注重共建共享等,并要求各地区各部门结合实际,认真贯彻落实。其中,"政产学研"的协同发展对现今高校的教学资源配置发挥着举足轻重的作用,具体而言,政府应在产学研三方中发挥纽带作用。一方面,对财务智能化趋势下会计人才标准进行重塑。另一方面,通过政策法规上的支持,为高校、企业乃至科研院所提供可交流的信息资源和经济支持:高校可以通过"产教融合、校企合作"这一途径,积极与企业合作产学研项目,共建实践基地;科研院所可进一步强化与高校的合作,共研领先技术、共建学科专业,真正做到将研究成果转换为实践应用。

打造共商人才需求、共享优势资源、共研领先技术、共建学科专业、共管人才培养的

"政产学研"协同育人模式，以社会实际需求为导向，最终达成有针对性地培养具有广阔视野、扎实技能的多元化复合型高端会计人才的目标。

（二）会计在职教育

会计人员在职继续教育是强化企业会计存量人才、保证新环境企业经济活动高效运行的关键环节。2018年，财政部、人力资源社会保障部印发了《会计专业技术人员继续教育规定》，提出要培养懂经济业务、懂智能数字技术的高水平会计人才。社会中的会计人员往往难以通过脱产的方式完成在校教育，因此相关后续教育机构应当根据会计人员面临的具体环境加强继续教育培训，并通过线上线下不定期开展相关理论后续培训、新兴技术教学、实践经验交流，来实现从业会计人员的后续教育，避免会计与智能财务时代脱节。

1. 相关理论后续培训

（1）交互教材编写。在相关理论后续培训中，会计在职教育应当重视对于教材内容的选择，应区别于在校学生教材。理论教材编写应在已有的基础会计理论教材基础上，结合财务智能化发展趋势下会计行业的变化，将人工智能、"互联网+"、大数据相关理论结合会计、审计、财务管理，新编案例型交互式教材。交互式教材不仅要继续强化对会计与财务专业基础技能的学习，更要引入财务智能时代背景下符合现代企业发展实际需求的相关数字化理论，以此进一步充实、完善会计人才在职继续教育课程教材体系。

（2）政策文件解读。《会计法》以及会计准则、会计通则等一直作为会计人员实操指导性文件，在财务智能化背景下，财政部门也会相应做出新解释。据此，会计管理部门应及时应对外界经济环境变化，下达相关政策最新解读文件，并组织各级会计人员集中学习指导性文件，保证企业基本财务处理程序符合最新要求。此外，随着我国会计准则与国际会计准则逐渐趋同，后续理论培训中可通过加强会计人员对国际会计准则的学习，有助于会计人员进一步了解国际国内准则的异同，为建立企业良好的会计环境奠定基础。

2. 新兴技术教学

（1）数据处理技术。相比于在校学生，已经在工作岗位上的会计人员对数据处理技术的需求更为迫切。仅仅在会计信息系统水平上的相关会计技术已经无法满足社会环境对会计人员的要求。因此，后续教育还应当重视除会计基本技能外如对数据处理技术的传授，可以通过邀请相关大中型企业、会计师事务所资深财务专家定期举办会计人员数智技术培训，从而提高会计人员数据筛选、数据处理能力。

（2）"数财"融合技术。除了对数据基本处理技术的学习，会计人员后续培训还应当重视对数智技术在财务领域中的运用进行教学。例如，对财务共享中心的建立、云会计的实施、区块链会计的运用等多种实际操作进行培训。随着智能技术在各类企事业单位的普及，在会计人员后续培训中，如果单独培养数智技术运用而脱离财务数智化技术的融合，会导致会计人员无法有效地将二者统一起来，仅仅只是学会了两类单一技术，从而在实际上无法满足企业的需求。

3. 实务经验交流

（1）管理部门推动。会计管理部门应当注重会计人员的经验提升，可以通过举办各类财务决策、账务案例分析等比赛，鼓励各级会计人员踊跃参加，进而达到丰富会计人员知识、提升会计人员技能的目的；还可以借助 CPA 会员、ACCA 会员的后续教育管理，聘请业界大咖，举办财经论坛，或是定期发布相关案例报告，提高会计人才队伍水平。

（2）标杆企业交流。面对当前财务智能化趋势，不同层次、不同规模企业的财务部门对于外界环境的反应速度存在差异。例如，华为等大型企业很早之前就实现了业财融合与财务共享。因此，在会计人员的后续教育中，发展较缓慢的企业应当与标杆企业建立会计人员互帮机制，调配自身会计人员前往标杆企业财务部门吸取先进的财务工作经验，学习标杆企业在面对智能环境时做出了哪些调整，并结合行业特征对自身财务部门进行战略性改革，促使财务部门的转型发展适配外界环境的需求。

科学技术是"第一会计环境因素"，信息科技的迅猛发展催生了以新产业、新业态、新商业模式为代表的新兴经济体。新的要素市场结构对会计人才供给产生了重大变化，使得会计人才培养改革迫在眉睫。高校作为会计人才培养的主阵地，在制定培养目标和具体培养措施时，应站在财务智能化时代发展的高度，顺应时代潮流，将培养重点放在探索并建立复合型高端会计人才模式上，将数智技术应用融入高校、教师、学生三维结构中，并根据财务智能化时代社会对于会计人才知识储备和能力结构的需求状况，积极探索"大数据+会计""智能会计与财务管理""IT+审计"等新兴会计人才培养方向，做到"政产学研"协同，进而实现会计人才供需更精准的匹配。

第四节　会计由信息化到智能化转型发展

科技的进步带动了人工智能技术的发展，随着人工智能在我国各行各业的普及与渗透，各行各业的发展模式都发生了改变。2016 年德勤会计事务所研发出智能财务机器人，标志着人工智能在会计领域的一大进展。智能财务机器人的问世，大大提升了传统会计工作效率，重新定义了传统会计的记账、算账和报账等内容，使得人工智能环境下的财务会计有了新的工作内容和工作模式。这也意味着财务会计要面临人工智能环境下转型发展的新挑战。本节围绕财务会计与人工智能展开论述，重点探讨在人工智能应用环境下，财务会计由信息化向智能化转型发展的策略建议。

一、财务会计与人工智能

财务会计（Financial accounting）是按照国家相关法律法规和会计程序，以专业化处理方法对企业财产运作、资金流转、融资投资等相关事件进行统计、核对以及监督工作，并及时向企业相关利益者和国家相关部门提供财务运行报告的经济管理活动。财务会计是保证企业稳定运营的基础性工作，财务报告是财务会计统计、核对和分析的财务数据，企业管理者通过财务报告的阅读，就能够全面了解企业的经营现状，并以此作为决策的参考和依据。

人工智能，就是利用计算机技术、数据技术为人们提供周到的服务。人工智能的设计原则是以人为本，其本质就是数据计算，即按照人类的逻辑思维来进行相关的软件开发和芯片制作，人们可以通过键盘、鼠标、屏幕等输入端与人工智能进行互动交流。人工智能设备能够取代人类做一些不擅长、高难度和有危险的工作，其不仅拥有较强的学习能力，还能够自我演化迭代，吸收各类知识，在原有知识体系中进化新知识，更新自己的知识库，适应新环境。

随着人工智能时代的全面到来，大数据、云计算和人工智能应用越开越广泛，人工智能在会计领域的应用逐渐取代了人的工作。传统财务会计体系在一定程度不再适合企业发展的需求，这也给传统的财务会计活动带来挑战。财务会计需要在工作过程中不断转型寻求更好的发展。

二、财务会计由信息化向智能化转型的发展现状

通过上文对人工智能时代的论述可知，智能化的时代背景对财务会计提出了新的要求。在时代推动下，企业不断加大创新，以适应人工智能时代的新要求，对传统的工作模式进行改革。财务会计也逐渐拓展其职能作用，积极融入企业内部的业务活动之中，加强预测业务，评估经济活动，为企业的经济决策和控制活动提供有价值的信息服务。很多企业不断推动财务会计转型升级，从管理会计、业财融合、财务共享等方面寻找突破口，以顺利推进财务会计转型。

（一）业财融合

"业财融合"是指利用科学有效的信息技术，在财务部门和业务部门之间共享资金流动、信息流等信息和数据，促进企业更好地实施相关政策决定和计划方案。传统的财务会计主要是事后会计，通常不重视业务的管理和解决，而是对会计信息以监督的形式进行工作，这限制了企业财务的价值和作用。"业财融合"中，财务会计工作真正有效地融入业务活动，进行财务事前预估、事中控制和事后监督，这样的财务政策决定模式不断扩展和开拓财务部门的职能作用。

（二）管理会计

管理会计（Management Accounting）是目前会计大类中的一个分支，其作用是为企业

经济决策提供信息服务，包括对财务数据的收集、处理、分析与预测等。管理会计作为针对企业内部决策的财务管理方式，正在起到越来越重要的作用，成为企业实现目标战略的重要工具。其主要任务是对已有财务数据进行动态分析和实时预测，通过数据分析、结果预测等过程，将分析结果和研究成果直接提供给企业管理层，帮助管理层优化中长期发展目标。

（三）财务共享服务中心

财务共享服务中心是指企业集团将各子公司和分公司的财务工作集中起来，进行批量处理，通过调整组织机构和资源配置，建立标准化和统一化处理财务信息的机构或系统，从而减少财务管理方面的成本，便于集团财务的高效管理。企业集团传统的财务管理，由于子公司和分公司众多，各个财务部门独立，导致财务管理分散，难以做到统一协调，给企业集团的财务活动带来巨大影响，财务数据难以共享，财务数据收集和分析效率低。财务共享服务中心有利于将复杂的财务工作流程简单化和标准化，提高财务信息收集和分析的效率，便于深挖财务信息，为企业的发展战略和经验计划等重要决策提供数据支持。

三、财务会计由信息化到智能化转型发展的问题分析

人工智能的本质是社会生产力的革新，历史上每次生产力的革新都会对传统的工作模式形成挑战，在会计领域，四大会计事务所相继研究出自己的财务管理机器人，会计行业的人工智能化不断升级，大量机械重复的会计工作将由人工智能设备来完成，这对财务会计的转型发展提出严峻考验。

（一）对财务会计转型的认知不足

企业最看重经济效益，企业经营者都将重心放在研发、生产、销售等环节上，对财务工作重视程度不够，认为财务管理工作不重要，财务人员直接参与公司经营决议的机会很少。还有一些企业很少关注财务管理工作，认为财务管理有会计做账就行，根本没有管理的概念。财务人员也认为只要完成统计工作即可，不会去进一步分析数据。实践证明这种观念落后，对企业发展没有促进作用。在进行财务数据整理过程中，可以发掘很多经济信息，对企业财务体系的转型有着非常重要的作用。

（二）企业组织对财务会计转型的配合度不高

传统的企业组织形式中，财务部门与业务部门之间的沟通并不多，财务部门主要是对业务部门产生的经济数据进行核对和记录，更多的是起到事后管理的作用。在这种情况下，不仅业务部门和财务部门之间的信息在传递过程中极易出现延误和失真，不利于财务部门的基础数据核算工作，财务信息处理的结果也容易与真实情况不符，无法对企业业务

起到参考作用。

再加上传统的财务报表编制，只关注固定的财务指标数据，导致财务部门很难对企业业务中的其他信息保持关注，财务管理的效果不理想，达不到新时期企业经营发展的需求。

（三）财务会计的专业技能有待提高

传统的会计工作对于数据的整理是非常烦琐的，但由于企业对于财务工作重视程度不够，导致了财务工作者们要投入大量的精力去完成数据的统计工作，使得财务管理工作实际的工作效率并不高。财务工作的特殊性，造成了财务工作者们所面临的工作环境单一、工作内容烦琐，许多财务员工面临巨大的压力，基本不会主动去了解其他部门的工作内容，尤其是人工智能方面的知识。长期如此就造成了财务人员知识面匮乏，新的知识储备不足。

（四）财务会计转型的信息化环境不友好

大多数企业中各个部门都是独立的信息管理系统，本部门的所有信息都只能留在该部门内部，各个部门系统呈现各自为政的状态，没有充分实现信息全共享，甚至很多数据都没有及时有效地传输到企业财务系统中，财务部门不能及时了解公司发展过程中对于资金的需求、收支情况，进而影响财务部制定下一步的财务计划和融资安排，无法实现财务与主营业务相融合，阻碍了财务会计向管理会计转型的进程。

四、财务会计由信息化到智能化转型发展的策略建议

（一）增强对财务会计工作的重视度

财务管理对企业的发展具有一定的决定性作用，尤其在人工智能逐渐进入财务管理体系的发展趋势下，企业管理者更应该认识到财务工作的重要性，关注财务体系的转型工作。

第一，改变传统的财务会计理念。企业要重新审视会计职能，要求财务人员将工作的重心更多地放在数据的处理、分析和趋势判断上。高度关注业务的事前预测，能够更有效地提高企业内部经济决策的科学性，减少财务风险的发生。

第二，保持敏锐的嗅觉，了解人工智能在财务管理领域的研究进展，及时将最新的研究成果与本企业的财务工作相联系，结合本企业实际的财务管理工作进展，有针对性地引入相关的技术，为企业内部财务会计的转型升级提供技术支持。

第三，保持学习的态度，企业财务人员始终全面了解财务会计和管理财务的优缺点，不断掌握更多人工智能等先进的知识，在日常的财务工作中要时刻总结工作经验，更新自

己的专业思维，以应对人工智能给会计工作带来的挑战。

（二）优化组织结构和业务流程

第一，调整传统的会计组织结构。部门架构的调整是实现业财融合和智能化转型的基础条件之一。将企业内所有业务活动进行整合，此时单凭财务部门无法顺利开展财务会计工作，应适当调整传统财务会计组织架构，同时需各部门积极配合。部门间融合的好坏将直接决定财务转型的管理效率。这就要求企业在转型时期，不断加大改革力度，持续推动财务工作标准化、程序化、规范化，发挥出财务管理的最优价值。第二，制定全新的财务执行标准。在人工智能日益成熟的背景下，传统财务会计业务流程已经不能满足新的需求。在建设全新的财务系统时，企业管理者应对传统会计业务流程进行梳理，在符合国家相关机构要求下，建立新的财务处理标准，制定工作流程，使其更好地融入企业的业务活动中，从而保障财务转型工作更加科学。根据企业发展实际及时修订执行标准，完善财务工作方案，使财务会计转型工作顺利开展。

（三）加强对财务会计的新技能培训

第一，改进财务部门的工作方式。随着人工智能在财务方面取得了重大突破，企业陆续引进相关技术对财务体系进行升级。在此背景下，企业要及时更新财务人员的工作方式，在新型财务体系的要求下，改进员工的工作技能，提高公司财务工作的效率，通过提升专业水平，为相关工作的顺利开展提供动力。

第二，提高财务人员专业素养。传统的财务人员会计知识丰富，缺乏探索业财融合、管理会计等的经验，知识结构和能力有限。企业不仅要引导财务人员学习业务与财务一体化的相关知识，在实践中，还要不断跟踪业财融合的进程，加快转型事件，全面提高财务团队的综合素质，加强人才基础建设。当发现财务问题时，加大教育培训力度，帮助财务会计找出问题的根源，针对性地解决专业素养不足的问题。

（四）构建良好的信息系统环境

第一，企业在进行财务体系转型的过程中，应该科学合理地将互联网加入到财务体系的建设中来，构建一个全面的人工智能应用系统管理，并加大资金力度，不断升级优化该系统，确保该应用系统能够发挥最大作用，为会计工作的顺利开展提供支持。加强财务信息化水平建设，在财务管理方面加大资金投入，完善财务统计的软件系统等设施，提升数据手机处理与传输的效率。

第二，在财务工作中运用人工智能技术的过程中，要制定一定的限值，不能忽视人工的重要性。对于关键性的财务数据还应该由专业的财务人员进行统计、核对、分析，避免由于人工智能技术软件或者硬件无法正常使用，使得关键性数据丢失，进而影响企业良性发展。

第三，加大基础会计工作信息化改造力度。先进的网络信息技术将成为实现智能化转型的重要支撑。针对一些企业信息系统碎片化，不能对信息数据进行有效整合的问题，企业在提供配套的软硬件基础设施的同时，应加大基础会计工作信息化改造力度，使财务会计从重复劳动中解脱出来，为财务人员将大量精力投入信息管理中奠定基础。

随着科学技术进步，人工智能获得飞速发展，给企业财务会计转型带来机遇与挑战。

在智能化发展背景下，企业财务会计转型要求企业高度重视财务会计的智能延伸，结合自身实际情况，调整企业组织管理架构、加强人员培训力度、加快信息化建设等方式，充分发挥管理会计、财务共享服务中心、业财融合的优势，使企业财务会计转型成功，高效完成财务管理工作，在新模式下创造更多的收益，促进高质量发展目标的实现。

第六章 会计智能化发展

第一节 智能化财务软件对传统会计的影响

一、智能化的财务软件出现的必然性

现代化企业的发展为智能软件的使用提供了更多的可能，尤其在现代化的企业当中会计工作的切实需求，使得智能化财务软件相继出现，以此逐渐满足了现代化企业管理结构的调整和扩大需求。

传统会计模式当中，由于职能较为单一，仅仅侧重于企业历史经济活动的核算和监督，并且更多的工作过程为手工完成，这在现代化企业的发展过程当中，极大地降低了企业的发展效率，并且手工会计核算的效率更低的同时错误率也很高，从而以次更进一步推动了智能化财务软件的应用和推广。对于智能化财务软件的使用，必须涉及到计算机技术、互联网技术以及大数据等的先进技术作为支持，从而帮助智能化财务软件能够切实发挥更好的应用效果。

与此同时，伴随着我国电子商务时代的发展，相应的企业当中会计核算职能得到了弱化，但会计管理职能则得到地位上的提升。这种显著的变化明确了智能化财务软件的发展方向。其中一个方向是大型数据库的财务软件。相较于传统的财务软件会计核算职能来说，这类软件不需要庞大的数据库用于支撑，仅仅能提供单一的记账以及单证录入功能。但对于管理会计职能的实现来说，其需要更多的历史数据作为相应的支撑，从而使得智能化的财务软件就需要庞大的数据库作为支撑。另一个方向是向着网络化的方向发展。网络化的财务软件实现，借助于信息的实时传输与处理功能，从而能够将更多地区的财务信息进行远程的处理和查询。从这一发展方向来说提升了传统财务会计的基础核算效率与核算质量。并且结合深度处理信息等技术，极大的提升了财务软件在智能化方向发展的高度。所以更为灵活的智能化软件处理方式促进了会计相关工作的效率以及质量。

二、智能化财务软件对传统会计产生的影响

对于智能化财务软件的使用来说，其是基于计算机技术和相应的软件技术为基础，从

而只需要输入相应的数据信息等就能够一次性生成财务报表等。这样的过程极大地节省了人力、物力和财力。并使得会计相关工作得以提升相应的工作速度和准确性。所以从这种会计工作形式的变化来看，智能化财务软件对传统会计的影响是深远的。

（一）智能化财务软件改变了传统会计信息系统的结构

传统会计信息系统结构当中主要以纸张等作为数据信息的载体，而在智能化财务软件当中，将相应的数据信息放到软件当中，以计算机或者其他储存介质作为载体，这从而能够使得传统会计信息等得到了更准确的分类以及重组。也从而能够更加方便相应工作的开展和进行。最重要的能够加速企业内部信息的实时共享。

（二）更加全面准确地反映企业会计经营信息

对于企业的经营发展来说，会计经营信息能够准确反映一个企业的发展现状。由此针对于智能化财务软件的实际使用，切实改变了传统会计的实务操作。具体指的是改变了会计成本的费用配置。在传统的会计成本计算过程当中，针对于各类费用的分配，常采用不同的方法和流程。一般常见到的分配方法有顺序分配法、计划成本分配法等。这样的分配过程和分配方法导致相应的计算量很大，并且最终的分配效率也很低、准确率也不高。在当使用智能化财务软件的过程当中，其能够将相应的财务数据信息进行电子化处理，从而借助于强大的数据分析功能，最终可以极大的提升成本费用分配的工作效率和工作准确性。再者，智能化财务软件能够极大地提升企业固定资产折旧的准确性。这当中传统会计计算企业固定资产折旧的方法是使用不同资产对应不同的折旧率，而智能化财务软件则是采用同一折旧率计算并计提各类固定资产折旧，这样的过程极大地提高了固定资产折旧计算的准确性。所以无论从各方面来讲，智能化财务软件的使用切实改变了传统会计的实务操作过程，最终能够更加全面准确的反映企业的会计经营信息和企业的发展现状。

（三）智能化财务软件改变了传统企业会计的职能

智能化财务软件使得传统企业会计的职能由财务会计向管理会计进行转变。具体指的是传统的财务会计工作在企业发展当中，以实际记录企业经营活动和最终反映企业经营结果为主。这样的工作涉及的工作量极其繁重，并且复杂。但随着社会的发展，我国现代化企业的经营规模以及经营范围等在不断的扩大。由此使得企业经营管理层需要针对企业的发展现状和发展需求做出更加准确的决策。而更加准确的决策，就需要来自于会计相关工作的支持，以从企业的发展信息当中得出决策。因此智能化财务软件能够将大量繁重的反映企业经营活动的工作变得软件化、智能化。以此能够节省大量的劳动成本，并且能够使得传统财务人员从繁重重复的基础会计工作当中解脱，进而相应财务人员从事附加值更高的财务管理活动。这样的过程既使得财务人员有事可做，也可以使得基本财务管理活动能够借助智能化的软件得出更高的分析成果，从而帮助企业管理层进行更好的发展决策。

（四）智能化财务软件的负面影响

智能化财务软件的实际使用，改变传统会计工作效率和工作质量的同时，也带来了一定的负面影响。具体指的是在智能化财务软件使用的过程当中，过于统一的财务软件使用标准，限制了各个企业的发展。例如不同企业当中，会计从业人员的资历专业能力也不同，从而对于智能化财务软件的使用来说，也会产生不同的效果，在一般智能化财务软件使用的过程当中，部分工作也需要人脑去进行识别操作，从而这部分工作也涉及到更高的专业能力以及专业技术，而对于没有完全掌握智能化财务软件如何使用和操作的员工来说，就会极大的限制智能化财务软件发挥真实的作用，并且能够切实影响到企业的正常发展。此外，各个企业的发展形势不一，从而千篇一律的智能化财务软件难免会出现纰漏，而若是针对于单个公司或者企业设计不同的智能化财务软件相关程序，则设计与开发的成本就会大大提升，进而也不利于企业的经济效益提升。

三、智能化财务软件与传统会计相结合的建议与措施

（一）完善相应的智能化财务软件应用的法律法规

对于智能化财务软件的应用来说，一般属于电子交易过程，从而电子交易过程当中对于合同的确认以及支付等方面的确认，都需要进行电子化的处理。而对于传统的会计交易过程则是在纸质载体当中进行，因此智能化软件营造了无纸化、电子化的经济交易环境，这也就需要相应的法律法规等进行支持，建议从以下几个方面进行相应法律法规的完善：其一，建立电子交易过程中各个参与方的身份确认和认证办法，以此为电子交易过程当中的身份确认提供法律保障；其二，对电子交易过程当中的基本程序和内容进行确定，具体包括电子合同的一般格式和模式要求，以及电子交易过程当中的合同管理和数字签字等。

（二）统一各类智能化财务软件的数据接口标准

对于统一各类智能化财务软件的数据接口标准，其能够起到很大的帮助作用，一是能够使得各个企业当中的财务信息数据等得以共享和交流，二是能够使得企业的信息电算化、电子商务的发展需求得到更好的满足，最终能够确保企业的稳定发展，并且统一之后的各类智能化财务软件的数据接口标准，还会使得电子银行的支付结算、网上报税以及网上销售等具体电子商务操作更加便利。

（三）成立专业化的管理会计财务团队

成立分工明确以及更加专业化的管理会计财务团队，并不断强化对企业财务人员的培

训以及教育，一方面基于管理会计的重要内涵，将传统财务人员进行细化分工，也将主要的工作分为更加详细的模块。具体来说，管理会计属于一门综合性较强的工作，基本融合了金融学、法律学以及管理学等多方面的专业知识，以此就需要更加专业的人才负责相应的工作。所以重要的应该根据实际要求，对现有的财务管理人员进行相应方向的专业技术培训，使其能够胜任具体的工作。

另一方面，则是要定期开展对智能化财务软件应用的技能与知识培训，智能化财务软件的具体使用，能够对原始的数据进行更加深入的分析，以此从数据当中挖掘更有效的信息，但现阶段更多的智能化财务软件分析与操作需要更加专业的人士进行操作，以此才能够使得借助智能化财务软件的使用，为企业提供有效的决策信息，所以针对于企业的发展需求和人才培养需要来说，应该有计划有目的的培养相应的智能化财务软件使用和操作人员，以此为企业的发展和进步提供更加准确的决策信息。

（四）做好对人才的培养

对于现阶段企业的发展来说，智能化财务软件的应用切实帮助到了企业，而更为重要的智能化财务软件的应用，需要更加专业的人才，而人才的输出则就受到相应高校的培养质量和培养效果影响。从而在高校当中对于专业会计人员的培养，一是应该秉承社会发展的实际趋势做好对全能型会计人才的培养和教育，二是要结合企业的实际需求进行相应人才的培养，具体的可以借助与企业合作的方式，提倡实践教育，从而使得相应人才能够更加明确会计专业的从业形式与基本工作过程，最终能够帮助到智能化财务软件的有效运用。

（五）发挥智能化财务软件的优势、规避其负面影响

对于智能化财务软件对传统会计的影响来说，其不仅有积极的一面，也有消极的一面，具体指的是智能化财务软件在应用的过程当中，其作为一种软件或者技术，从根本上无法代替专业会计人员的职业判断能力，从而在实务操作的过程当中，智能化财务软件本身存在的缺陷就会影响到企业的正常发展，所以要制定长善救失的发展策略，以此充分发挥智能化财务软件的优势，规避其负面影响，或者将其产生的负面影响降低到最低，一方面在编制智能化财务相关软件系统时，应该预先设置好程序，在经过一段时间的调试和优化之后再投入使用，并且使用之前也要对其进行试用，试用完成合格之后才能大规模投入使用；另一方面，若是企业在经济条件允许的情况下，应当积极培养更多的专业化人才、复合型人才等辅助智能化财务软件的应用。

（六）提高财会人员的专业素养和专业能力

由于智能化财务软件的推广和使用，更多会计基础性的工作由智能化软件所代替，因

而在这种发展趋势和发展背景下，相应的会计人员应该提升自身的专业素养和专业能力，以此能够契合智能化财务软件应用发展的基本方向，使得企业在借助智能化财务软件应用的过程当中，能够提高自身发展的经济效益。具体的，相应的智能化财务软件使用人员和操作人员应该在基础工作方面做好对职业方向的调整和职业能力的提升。分析现阶段的智能化财务软件在企业当中的应用，除了为公司管理层提供相应的数据信息之外，智能化财务软件的具体操作过程也能够参与到公司的决策管理当中，以此为公司未来发展提供相应的预测和分析，所以这就使得会计从业人员需要从普通的工作岗位当中跻身到公司的管理层，为了达到这一实际要求和需求，现有的财务会计就需要从自身职业判断能力方面和信息的处理能力方面，提高对智能化财务软件的使用效率，使得借助自身专业素养和专业能力的提升，切实改变传统会计从业方式，从而最终企业的财务决策和公司发展能够取决于高效的智能化财务软件应用。

现阶段企业的发展更注重效率以及质量，从而在企业当中针对于传统的会计工作方式和工作流程，借助于智能化财务软件的应用，能够极大地颠覆传统会计工作方式和工作模式，并对于实际的会计从业人员来说，也是一种工作形式上的极大改变，所以具体的要求相应的会计从业人员应该熟悉智能化财务软件的使用和操作，并结合智能化财务软件的数据分析技术，为企业的发展提供更加完善的建议。

第二节　智能化下会计核算标准化

随着高校事业的发展，财务管理逐步精细化，财务管理水平不断提高。高校财务要打破传统模式，借助智能化手段，结合内控要求，全面转型升级，实现更直观的智能化财务服务，使高校财务管理向更高水平迈进。构建会计标准化，是推进财务智能化的必要环节。

会计核算标准化，是指在国家相关财务制度文件的基础上，建立起一套完整的工作规范。通过实行统一的业务处理标准，规范财务人员行为，避免因个人理解和会计判断差异造成的问题。实行会计核算标准化，可以约束高校师生和各类工作人员的财务行为，规范各类经费支出科学合规，保障高校财务管理制度高效顺利实行。会计标准化建设能够切实提高高校会计信息质量及财务管理水平，适应会计制度改革要求，应对财务智能化趋势所带来的新挑战，充分发挥全面性、透明性、客观性、前瞻性和连续性五大会计制度改革优势。

一、会计核算现状及存在问题

（一）会计核算体系仍不完善

会计制度改革前，高校会计核算主要以收付实现制为基础，核算内容侧重于预算收支。预决算信息与财务信息相融合，偏重于服务预算管理的需要，反映预算执行情况，没有按照经济分类来设置会计科目，导致高校会计核算管理工作，不能准确反映高校财务状况，无法满足决策需要。这种会计核算模式存在诸多问题：会计制度各自独立、相互分割、不能形成一个有机的整体；不能科学、全面、准确反映资产和负债状况；不能准确核算成本，不利于推进绩效考核；不能提供信息完整的综合财务报告。随着会计制度改革平稳推进，高校亟须重视并修正上述问题，不断完善会计核算体系。

（二）会计核算信息化程度有待提升

政府会计制度改革对高校会计核算信息化提出了更高要求。目前，高校会计核算信息化建设仍滞后：虽然定期对财务信息系统进行维护及清理，但目前财务系统内仍积累冗余的数据；部分类型的账务仍需手工录入，准确度没有数据共享直接生成凭证高；部分报表核对仍需人工参与核对、校验，没完全实现电算化，通过人工处理的部分，无直接钩稽关系的数据难免出现一些差错，出错率高、效率低。加强会计核算信息化建设，方能保障信息的交流与传播的时效性、及时性。

（三）会计标准化建设仍需加强

标准是衡量会计信息质量的重要依据，没有高水平、一致性、可比性的统一标准，就没有高质量的会计信息。会计制度改革对会计标准化提出了更高要求，要求高校在会计核算中，制定科学、高质量的会计核算标准，并认真贯彻落实，规避由于会计人员进行会计核算时口径不统一或标准不规范而导致会计信息质量差等问题，保证会计信息的高质量。但是目前来看，我国高校的会计标准化建设仍需加强。

二、高校会计核算标准化建设的必要性

（一）会计核算标准化建设是适应高校财务智能化的客观需要

随着电子支付、网络缴费的普及，学生网络缴费、网络办理的需求越来越多，高校财务部门为适应师生需求，不断进行智能化改革，不断建立和完善校内相关财务管理制度、优化相关业务流程，逐渐与经济社会同步。会计核算工作的基本特点，要求会计工作人员需要有过硬的专业知识熟悉各项财经政策文件，这样才能在进行会计核算时，灵活处理各项业务。近几年，随着国家加大对教育的投入，为了提高教育科研经费的利用效率，在差旅费、会议费及培训费等方面，出台了诸多严格的管理办法。资金量和开支管理办法的增多，对会计核算工作带来了巨大挑战。但是，目前高校会计工作人员的业务水平参差不齐，不同人员对相同文件政策的理解存在一定偏差，不同的财务知识储备也会影响会计核算水平。为适应高校财务智能化发展，亟待制定一个大家共同遵守的标准，即会计核算标准化。

（二）会计核算标准化建设是形成高校财务管理最佳秩序的客观需要

随着信息技术的迅速发展与应用，为了适应师生需要，提高财务管理与服务能力，各大高校陆续都推出线上报账系统。该系统通过为教师及学生提供财务办公线上入口，填写相关报账申请，并上传电子版报销附件，先由各业务部门审批，再将单据打印投递至财务部门审批，最终完成费用报销及付款手续。账务报销经办人与会计工作人员，在这个过程中没有进行任何线下沟通，如果相关审批手续不齐全或是票据不合理，将直接导致账务无法报销，进而影响账务处理效率。高校财务部门通过进行会计核算标准化建设，可以有效确保会计工作人员及账务报销经办人，根据统一的会计核算标准处理账务，确保了会计核算的条理性及严谨性，有利于会计工作人员与师生进行沟通，解决会计核算过程出现的各类问题。

（三）会计核算标准化建设是提升会计信息质量的客观需要

近年，会计核算标准的普及使高校会计核算信息质量不断提高。但由于不同人员对相同文件政策的理解存在一定偏差，无法做到所有会计人员按照统一的标准处理业务，使得高校会计核算信息失真或数据缺失，这严重影响了高校会计信息的质量。通常，建立统一的会计核算标准是保证会计核算处理规范的最好方式。因此，为提高会计信息质量，完善会计信息系统，高校需要结合自身实际情况及财务管理现状，建立合理、科学的会计核算标准。

三、会计核算标准化的设计与构建——以中国海洋大学为例

（一）会计核算标准化建设方案设计

1. 构建会计核算标准化框架

全面梳理国家、高校制定的各类财经制度文件，归类总结至"支出报销""货币资金管理""科研管理""专项资金管理"等会计核算场景。在此基础上，梳理各场景下的典型会计核算业务，如差旅费报销、会议费报销等，构建会计核算标准化总体框架，尽量实现业务种类全覆盖，从而打好会计核算标准化的基础。

2. 梳理会计核算典型业务流程

在会计核算标准化总体框架下，结合日常核算业务实际，深入研究各典型业务内容，厘清各业务核算标准与流程。在此过程中，需梳理各类会计核算工作间的联系与区别、共性与特性，构建逻辑清晰、有效联系的系统。一线财务人员在此环节中发挥关键作用，需

结合工作实际，利用专业敏感性，不断完善既有方案，在实践中发现问题，在实践中检验成效。在遵循既定目标的基础上，拆分责任到人，并做好定期的反馈和流程再优化。

3. 依托智能化信息平台呈现标准化模块

依托信息平台，利用多种手段梳理与再造优化后的会计核算标准与流程。在选定呈现方案时，需综合考量用户体验，充分利用流程图、表格等形式，配以典例辅佐说明，使政策标准、业务流程更清晰地展现。

4. 深化会计核算标准普及推广

做好对信息平台中会计标准化模块的宣传和推广，与此同时，加大对负责集中报销的教职工的培训力度，引导其在报销前先自行参考会计标准化模块，以此为依据准备原始凭证、特殊情况说明等报销材料，并按照核算业务流程执行报销操作。

（二）会计核算标准化建设实践推进

1. 会计核算现状分析

"报销繁、报账难、报账排长队"问题，一直困扰着各高校的财务部门，也制约了高校事业的发展。近年来，各高校财务工作在信息化建设上不断创新，通过网上预约报账等形式，缓解了报账排长队现象，报账效率也有了很大提升。但由于会计核算标准不统一、不规范，报销流程不公开透明，师生与会计人员对政策理解有偏差等原因，财务报账审核工作量仍未减轻，师生报账多次跑腿的现象仍广泛存在，"报销繁、报账难"问题的没有得到根本解决。

2. 会计核算标准化设计

为破解难题，在山东省委、省政府关于"一次办好"文件要求下，中国海洋大学财务处结合教育部"放管服"精神，坚持问题导向，更新服务理念，结合学校会计核算工作的实际情况，开展会计核算标准化建设，于2019年11月完成了对各类核算业务的全面梳理再造，开发上线了会计核算标准化模块。

会计核算标准化模块设定了师生常用的十余类业务场景，包括国内差旅费、国际差旅费、会议费、办公用品、材料费、图书购置、交通费、固定资产、印刷费、版面费、测试化验加工费、公务接待费、加班工作餐费、外拨费等版块，根据国家、学校相关制度规定，按照统一、规范的核算流程及标准，展示了报销简表版、报销流程图版两种模式的报账指南，清晰、详细地介绍了每一类业务的核算标准和所需材料，多维度梳理了优化业务流程，并以实际报销案例为依托，着力提升师生报销业务的成功率和效率。

以国内差旅费为例，此模块下又分出差人员审批、普通差旅费、学生差旅费三种业务场景，普通差旅费下又分自驾（租车）差旅费、参加会议差旅费、邀请专家差旅费、借调差旅费几个子模块。师生可以根据自己的情况点击不同的子模块，切换报销简表版、报销流程图版两种模式，查看所办理业务所需材料和流程，了解国家、学校制定的会计核算政策，为业务办理做好准备。

3. 会计核算标准化实施效果

会计核算标准化拓展了财务政策宣传渠道，帮助师生熟悉财务制度和办事流程，深入贯彻了"一次办好"理念，通过"互联网+"为广大师生提供更加方便、快捷、高效的服务。对此，不同群体反馈热烈，模块广受好评：在校教师表示，会计标准化模块简明、清晰，帮助他们从繁重的财务报销压力中解脱出来，有更多精力投入教学科研任务中；新入职教职工表示，会计标准化模块将他们不熟悉的财务报账规则、流程、标准，以图表与文字相结合的形式直观地反映出来，让规则变得一目了然，利于不熟悉报销规定的新入职教工尽快熟悉报销规范和业务流程，快速查找到其报账所需内容；学生表示，会计标准化模块梳理了会计流程，整理报销票据时有例可依，节省报销时间，减少了跑腿次数，解决了长期以来的"报账难"问题；会计人员表示，因前置工作规范化大大提升，核算压力得到大大减轻，有更多时间、精力投入到会计信息运用及决策支撑等管理会计工作中。会计核算标准化彰显服务新情怀、新举措，正在不断提升财务工作服务于教学科研和人才培养的能力。

目前，中国海洋大学财务处的会计标准化设计尚未实现对所有核算业务的全覆盖。对未覆盖的业务种类进行完善补充，将是未来工作的重点。同时，国家的会计政策、规章制度等更新速度快，高校会计标准化工作也应紧跟政策文件的动向，及时更新与调整。将来，高校应坚持问题导向，辨析师生需求，以工作方式创新不断提升服务能力，立足于高等教育事业立德树人、科技创新、服务社会等内涵，关注国家发布的各类与财务工作密切相关的政策动向，更广、更深地思考问题、谋求发展，推动会计标准化在财务智能化时代发挥更大的效用。

第三节　互联网对会计智能化管理

21世纪的今天，计算机技术、网络技术在经济社会、企业生产、人民生活过程中发挥着越来越重要的作用，互联网、互联网+等深入应用，在财务管理方面实现实时通讯、实时票据验证、实时财务统计汇总，以及应用专家系统的咨询和判断，都成为现实，或即将进入应用可能。

财务会计作为企业的重要组成部分，必将以强大的互联网技术为依托，借助"互联网+"思维，创新生产方式、组织结构和服务模式，在创新、变革和融合中不断发展壮大。

自1979年我国首次试点会计电算化算起，会计行业是最早利用信息技术的传统行业之一。会计行业将信息技术、通信技术、密码技术等应用于会计管理作中，特别是在大数据挖掘技术的快速进步中，改进企业管理水平、提高财务决策速度、增加收入预测、有效降低成本、提高企业市场响应能力等方面取得了突破性进展。未来，随着互联网技术在财务会计方面的广泛运用，将为财务会计带来诸多变化。研究探讨财务会计的智能化发展，对企业财务提供借鉴。

一、财务宏观管理网络化

财务会计的本质是对各种财务会计信息进行的加工整理，使之成为对管理有用的信息，最终通过报表体现信息的价值。传统的财务会计信息来源非常分散，信息杂乱无序，需要大量的人工进行初级处理。进入"互联网+"时代，大量的财务会计信息可以通过网络获得。国家税务总局在2015年发布《关于开展增值税发票系统升级版电子发票试运行工作有关问题的通知》后，4个地区（北京市、上海市、浙江省、深圳市）于2015年8月1日起开展增值税发票系统升级版——电子发票；自试运行以来，电子发票已经逐渐获得应用，并获得企业和个人的认可。未来通过财务系统与电子发票系统对接，直接获得发票已经成为可能。电子发票所承载的信息无需通过人工或通过扫描等方式间接读取，而是直接读入到财务系统。此外，通过网络订购的飞机票、火车票的数据，酒店住宿数据等通过网络获取也不存在技术障碍。生产领域各种生产数据、销售领域的数据都可以通过互联网直接实时传输到财务系统，大大提高了获取财务信息的效率。

二、财务软件从电子化迈向智能化

随着计算机应用的普及，互联网和信息技术的融合迅速发展，为财务软件的迭代和升级提供了有利的技术支持。财务软件通过互联网获取信息能力不断提高和完善，规范、有序、实时、精准的财务信息为财务软件智能化地处理财务信息提供了保证。通过利用大数据技术、区块链技术等对财务软件的不断创新和完善，财务系统能从繁杂、模糊、无序的财务数据与非财务数据中自动搜索和提取有用信息，并对数据进行转换，从数据中提取有用信息，进行分析、处理乃至可定向地为信息使用者提供其所需的财务信息。随着自动获取信息、自动识别信息、自动处理信息的能力不断增强，财务软件必然逐渐走向智能化。

随着"互联网+"、物联网、工业互联网时代的技术进步，与云计算、大数据、区块链等高科技的融合，财务会计工作必须顺应时代发展，应用网络化和信息化技术，满足企业从物流采购、生产制造到决策支持全链条对财务数据的快速需求。

"互联网+"、物联网、工业互联网和在线支付等融合，打破了财务数据和信息的时间与空间界限，使财务信息中的资金流、汇总报表等呈现高度开放化、即时性。通过建立财务信息共享服务与管理平台，实现了财务数据信息资源的及时控制和管理。

随着APP、移动支付的技术发展，移动终端计算机化的时代已经到来，财务信息使用者、监督者、管理者等利用移动终端可以随时采集与其决策相关的有关企业过去、现在、未来的所有信息。

三、财务纸制报告格式的改变

在传统财务会计中：一是财务报表是财务报告的统计和分析核心；二是所带有的附表、附注等，提供了报表以外货币性信息和非货币性信息，二者是财务报表的互补充、互为支撑。

移动时代、网络时代的财务会计，已经将财务数据和信息的收集、加工、存储、处理、展示都可以实时完成，迅捷、双向交流、精确的把握资金问题，使得财务数据和信息的及时性、有效性得到提高。当前报表监督者、管理者、决策者等可以根据企业业务发展需求，以财务会计的原始数据为基础，推进财务信息化与移动互联的融合，进行再加工、再深度展现以获取更有利于决策的信息。

网络时代已经改变了人们的生活方式，也改变了企业的财务运行方式，但是资金流是经济活动的重要组成部分。建立知识经济的财务预算和决算体系，展现财务报告的人力成本、创新要素、成本核算、环境保护等信息紧迫性高涨，以附表、附注形式披露的信息不再是会计报表的补充，以前并不重要的信息或受成本效益原则约束无法披露的信息，都在这个新时期需要充分、及时、准确的展示处理。所以传统财务会计报告的结构和内容已经做出重大改变，在移动计算机时代，企业需要财务管理的新变革；网络实时通信和连接的财务会计管理中，实现财务数据和信息的即时报告和定期报告，按需分配，给不同需求者不同的报表，实现随时在移动终端上查阅有关信息，并获取财务分析的资料，提高决策的及时性、有效性和正确性。

四、财务票据验证和获取新应用

"互联网+"财务管理实质上就是运用大数据挖掘、风险分析软件、信息平台、专家支撑系统等，按照"即时统计与展现"思维方式实施互联网+预算管理、互联网+资源配置、互联网+绩效考核、互联网+财务分析等来实现企业财务核心价值管理，引领企业整体价值不断提升，助力企业转型再上新台阶。

"互联网+"财务转型的目标，主要包括：一是要建立财务管理目标，梳理财务管理机制，建设创新体制，以满足企业未来整体业务发展为目标；二是建设财务预算、资源配置、考核决算三位一体的管理架构，建立以企业业务链条为轴心的财务管理链条；三是要加大财务管理业务与业务管理的融合，让财务信息参与经营，引领企业整体价值提升；四是要做好风险防范，发现潜在财务会计风险，确保企业可持续健康发展。

完善互联网化财务管理机制，建立适应整体业务发展的预算、资源配置、考核体系；

完善互联网化财务管理机制，当前就是要构建差异化的全面价值管理体系，以互联网化指标评估企业价值。

五、财务信息开放是未来财务管理的必然途径

传统财务信息获取途径是分散的，以票据、表格等形式存在，通过专业人员识别、计算等加工，形成可用的财务信息。在互联网普遍应用的今天，以及财务系统智能化的发展，绝大部分财务信息存在于互联网上，可以通过互联网获取到相关的财务信息。但是，部门单位对财务信息的独占，阻碍了各种财务信息通过互联网的取得。

近年来电子票据的应用为财务信息电子化提供了有效途径，但也只是实现了本部门的电子信息化，无法实现电子信息的社会化。只有有关部门向社会开放有关数据资源，使信息使用者直接通过互联网获取相关的数据。如电子发票实现了使用者方便获取结算凭证，但还没有实现直接通过互联网获取需要处理的发票信息，只有税务部门开放电子发票系统的数据接口，让通过税务登记认证合格的使用者，用财务系统直接从电子发票系统获得电子发票的相关数据信息，才能实现对电子发票进行智能化的账务处理。又如增值税专用发票抵扣，需要企业花费大量人工从事认证工作，如果税务部门开发数据，使企业通过税务部门的数据库直接获得专用发票信息，在通过区块链等技术保证发票唯一性的前提下，则可省去发票验证的环节，节约大量管理成本。因此，有关部门对社会单位开放数据资源将极大推动财务管理的向智能化发展的步伐。

创新体制机制成为"互联网+会计"的重要驱动力。手工记账的阶段被会计界称为"会计1.0时代"，而计算机的广泛应用则是"会计2.0时代"的典型特征。目前，伴随着网络时代的到来，会计信息化经过2.0时代的发展已进入到协同交互的3.0时代。在这一时代，财务数据的收集、加工、处理都变得迅速、快捷。

第七章　大数据时代会计理论研究

第一节　大数据时代会计工作面临的机遇

数据，或称巨量资料，指的是需要新处理模式才能具有更强的决策力、洞察力和流程优化能力的海量、高增长率和多样化的信息资产。2009 年，"大数据"成为互联网信息技术行业的流行词汇；2014 年大数据首次被写入《政府工作报告》，在接下来的 3 年中大数据都作为重要角色出现在政府工作报告中；2016 年 10 月财政部制定的《会计改革与发展"十三五"规划纲要（2016-2020）》，指出各界应密切关注大数据、"互联网+"发展对管理会计工作的影响。大数据成为当今时代发展的大趋势，已经不可阻挡的到来了，财务会计工作作为对经济活动的反映，也将不可避免的卷入到大数据的机遇和挑战之中。

一、会计工作面临的机遇

（一）提供强大的数据支撑

传统的会计工作主要集中到对经济业务的核算上，最终以财务报告的方式将企业的财务状况和经营成果反映给利益相关者。传统的会计工作具有简单性、可复制性、缺少创新性，提供的数据具有单一性、片面性，缺少关联性、系统性，逻辑性，更多提供的是财务数据，非财务数据少之又少，往往无法满足利益相关者的数据需求，不利于利益相关者的决策需要。大数据是从海量信息库中获取有决策价值的创新技术，在数据的搜集、甄别、整理、深度挖掘、综合分析等方面具有强大的优势，不仅可以提供财务数据，还可以提供非财务数据，提供的数据更加多维度、立体化，可以更好的满足利益相关者的决策需要，有利于企业全面预测和筹划，科学合理配置企业各项财务资源和非财务资源，从而推动企业实现战略目标。

（二）提高工作效率和效果

绝大多数企业的财务人员大量的时间都是消耗在基础业务中，纸质报销，票据审核，手工录入，人工审核，编制报表等，这些流程和工作不仅耗时耗力，而且极易出错，对企业的决策和管理的作用及其有限。在大数据时代下，企业通过提升公司的信息化水平，搭建互联网+平台，将资源的获取、流程的设置、数据的统计分析进行整合，打通业务链各环节，将外部原始资料获取、交易合法性，凭证的制作到报表的生成自动处理，将财务人员从重复简单的工作中脱离出来，将更多地精力放在对大数据的分析上，从而提高工作效率和效果。建立数字共享中心，一次录入数据所有系统可以共享，减少数据的录入次数，大大提高企业业务和财务的处理效率。

（三）提升企业管理水平

传统会计对于数据的收集不充分，整理不全面，传递不及时等方面存在较大短板，难以发挥会计的动态实时预测分析、决策支撑，绩效管理等功能。在现实工作中，集团会下发通知要求各级企业统计所需的数据，从下发通知到数据统计再到数据上传存在较长时间，而且各级企业财务人员在数据的汇总过程中难免出现差异。而在大数据时代下，集团公司及其各级所属企业可以随时随地调取所需数据，甄别有价值数据，并根据需要生成各种分析数据及图形图表，充分为企业的投融资战略决策，成本控制、全面预算管理等提供有价值数据，增加企业经营决策的前瞻性和可预测性，合理预测未来发展趋势，从而实现企业战略目标。

二、会计工作面临的挑战

（一）财务人员和公司领导重视不足

面对大数据的到来财务人员可能会产生惶恐情绪，一方面害怕自己的工作将会被信息技术取代，另一方面对什么是大数据、大数据有什么作用、财务工作和大数据有什么关联等了解甚微，这些知识的欠缺都将会对财务会计工作带来挑战。很多企业的公司领导未对财务工作引起足够重视，仅停留在财务工作就是报销、发工资、审核、报表等简单重复性工作，未认识到大数据时代财务工作不只是简单的进行会计核算，还会获取更多有价值的数据，努力为企业创造价值服务。

（二）技术面临严峻挑战

大数据时代下对数据的分析能力不仅仅需要财务人员的专业知识和分析能力，也需要更高的技术支持，帮助企业在最短的时间内尽可能多的搜集到信息。企业需要采购或是开发符合企业实际情况的信息技术平台，通过云计算获取企业的大数据，技术的支持也需要人财物的消耗，这就需要公司领导的足够重视，提供资金、人力、技术的有力支持。此外，大数据时代的到来需要存储海量的数据和信息，原来数据的存储方式已无法适应大数据时代下的信息存储，这就需要不断的适应新环境的变化升级信息存储方式，确保数据存储空间。

（二）高素质的会计人才短缺

我国存在大量的会计从业人员，长期以来由于从事会计工作门槛低，很多的非财务专业人员也在从事会计工作。会计人员数量多，但是高素质的会计人员却是很少，在大数据时代下，财务人员不仅需要有丰富的专业知识储备，而且要懂得计算机知识，这样的复合型人才更是凤毛麟角。在大数据时代下，财务人员需要熟练运用大数据技术和分析处理工具从输出的海量信息中获取价值资源提供给决策者，以满足公司的决策需要，然而现实工作中是大多数的财务工作人员从事的是简单重复工作，对于数据的分析和处理能力严重不足。

三、大数据时代背景下会计工作应对对策

（一）提升对大数据的认识，加快财务转型升级

面对大数据这一新鲜事物，财务会计工作将面临重新洗牌，财务工作不再是审核、记账、报表简单而又重复性的传统会计，将会更加注重对数据的甄别分析，提取对企业的预测、决策更有价值的信息数据，将财务人员从低附加值的工作中解脱出来。作为财务人员需充分认识到大数据对财务工作的影响将更加广泛而深入，不断增强自我的主观能动性，主动转型，积极应对大数据给财务工作带来的挑战。财务人员不仅需要掌握传统的会计专业知识外，还需具备战略管理、运营管理、信息技术等能力，努力突进业财融合。公司领导者更要认识到大数据对公司的经营决策、战略目标、全面预算、绩效管理、风险把控、成本管理等起到至关重要的作用，努力加强财务人员多面培训，进一步完善大数据的软硬件支持，从而真正发挥大数据的优势。

（二）建立大数据库信息系统，完善信息存储方式

大数据时代是以使用数字化的信息和知识作为关键生产要素，以信息网络作为载体，以信息通信技术的有效使用作为效率提升和经济结构优化的重要推动力的一系列经济活动。大数据时代财务数据的输出、存储、共享离不开大数据信息化的管理平台，企业只有构建以云计算为基础且紧密联系企业实际情况大数据平台，才能获取到对企业发展所需的有价值的信息数据。企业可以运用计算机集群和分布式存储技术建立大数据库，满足海量数据的存储要求，既能存储结构化数据，又能存储半结构化和非结构化数据。

（三）培养复合型人才，努力提升财务人员素质

人才是企业发展的第一资源，大数据新兴技术的兴起需要涌现更多的高精尖复合型人

才，既要具备专业素养，又要懂得信息技术，能够参与到企业的未来规划、战略决策的现代管理理念财务人员。财务人员自身要加强学习，夯实基础工作能力，不断丰富知识结构；企业要注重对财务人员的培养，提供更多的培训机会，注重对财务人员信息技术以及大数据统计及分析能力的培养。

高速发展的信息及通信技术正在推动着各行业的传统模式发生变革，大数据渗透到越来越多的领域。作为对经济活动重要反映的财务会计也将在时代的潮流中面临着更多的机遇与挑战。在大数据的时代背景下，我们需要抓住机遇，转变思路，寻求方法，积极应对新事物带来的方方面面的改革，努力为企业的战略目标和价值创造服务。

第二节　大数据对会计工作的影响

在信息化时代，人们的工作和学习越来越离不开网络，而随之而来的信息量也就呈现倍数的增长。信息来源形式及来源渠道的多样性，对当前的财务会计工作也产生了较大的影响。

大数据是指大小超出常规的数据库工具获取、存储和分析能力的数据集，大数据可能来自社交网络和电子商务网站以及客户访问等其他渠道，是一项价值巨大的信息资产。当前，对于大数据的定义各有见解，并没有得出统一的结论，但是普遍认为大数据具有数据规模大、信息处理快的特点。

大数据时代下结构性数据与非结构性数据并存，在一定程度上可以提高数据计算的科学性、精确性和合理性；大数据时代数据的产生和处理是实时的，能够有效的避免数据处理的滞后现象。大数据的发展促进了现代化企业的各项业务流程的开展，大数据这一信息化浪潮引起了新的信息革命，从股票市场的行情检测到医疗健康领域的数据检测、用户使用产品的信息监测等都无一例外的受到了大数据的影响，在企业的管理运行中，大数据的数据处理的优势能够让管理者更加全面的分析各项业务流程，提高企业防范风险的能力，为企业的经营发展提供有效的数据信息。

一、会计工作的发展现状

财务会计工作主要是对企业已经形成的经济资源进行分类统计和核算，使得企业的经营收入和生产成本以及利润情况能够在财务报告中得到真实有效的反馈，为经营者及各股东提供合理的信息。在信息化时代，对于数据的要求越来越高，财务会计在某些工作中还存在一系列的不足，难以适应大数据的发展。财务会计在工作中采用的是标准的会计模式，强调全面反映企业的经营状况，其的财务报告主要是面向外部信息使用者的，但是受固定工作模式的限制，其的财务数据只是一个片面的数据总结，不能够给予一个全面的判断依据，不能够有效的帮助企业的全面化管理；除此之外，财务会计的工作主要是面向过去的经济业务进行的核算和统计，无法对企业未来的发展提供预见性的帮助，不能够全面反映企业的发展的规划，相关数据信息的缺失会在一定程度上限制企业的长远发展。

对于财务会计的日常工作而言，大数据时代的到来会在认识层面上给财务会计的工作带来挑战，传统看法上会认为大数据就是一种全新的技术和理念，在企业的会计工作中并没有应用的必要性，甚至有一些财务工作人员对大数据的认识较为片面，忽视大数据对于促进企业财务会计工作的作用，阻碍了财务会计工作的进一步发展。在传统的会计工作中，会较为重视信息存储的重要性，且一般是使用各类数据库的方式对信息进行存储，在大数据时代，使得财务会计的日程工作中涉及到的信息量较大，对信息的存储提出了更高的要求，提高了企业在相关方面的管理成本。

二、大数据时代对会计工作的影响

对于财务会计的日程工作来说，借助于互联网技术和大数据的支持可以更好的实现预算、核算以及决算工作，促进财务登记工作以及审核工作的信息化开展，提高会计工作的效率。

（一）提高财务会计业务的科学性

大数据时代促进了数据信息的分析和处理工作的开展，促进了当前财务会计工作的开展。

1. 提升数据预测功能

大数据对于信息的处理优势可以有效的提高财务会计的预测能力，相比较传统的会计工作对于数据预测时的重点关注的是数据、信息以及资料的相关性；大数据下的数据预测更加注重信息的丰富程度，可以有效的弥补传统会计在日常业务中对于企业未来经济业务的预测不准的缺陷；可以为财务会计工作提供更为全面和丰富的数据支持，提高其预测的科学性与合理性。

2. 提高控制管理的有效性

财务会计在企业的日常管理中需要加强控制管理，提高数据使用的科学性和合理性，大数据时代为企业在日常的管理活动中的运行提供了更为全面的数据信息和资料。财务会计工作人员在日常工作中可以对丰富的信息数据和资料进行有效的整理，更容易发现和改正其中存在的问题。

3. 优化数据结构

从数据来源上，大数据的财务信息来源更加的复杂，其不仅仅只包括结构性数据，还包括非结构性数据，给企业的发展带来了良好的基础。大数据时代提高了企业对于非结构性数据的关注，大数据时代也重点关注企业财务数据的使用的准确性和科学性，而大数据下的数据处理的优势可以有效的节省相关的人力和物力，提高相关的工作效益。

4. 提高会计计量的合理性

在会计计量上，大数据的数据更新较快，公允价值的计量也逐渐的变得透明，会进一步对财务会计的管理工作进行规范，避免出现相关的主观性缺陷，能够有效的提高企业会计信息的质量，为公平交易的平台打下良好的基础。

（二）促进财务会计工作人员的业务能力提升

传统意义上认为财务会计只是一个简单的岗位工作，其的日常业务只是涉及到账目整理和报表统计，而在大数据的环境下，将会有效的改变这种观念意识，提高企业管理活动的科学性。大数据时代推动了企业财务会计活动的转型升级，财务会计人员为了更好的应对企业的日常活动，需要不断的加强自身业务能力的培养，努力的参与到各个培训中去，积极与同事进行经验的交流，不断的提高自身的业务能力。大数据会促使财务工作人员学会进行数据管理工作，重视到大数据环境下的数据信息的处理，使得会计职能可以更加的丰富和多元化；大数据下企业还应该财务措施来对数据的未来发展趋势进行监测，要根据各个企业的发展特点来优化各个岗位的会计人员的工作流程，保证数据使用的完整性和合理性。

（三）促进财务会计向管理会计的转型

管理会计是从传统会计中分离出来的，是以提升企业的经济效益为目的的，通过对企业经济活动的业务数据的记录和分析总结以及预测企业的发展规划。管理会计能够在庞杂的收信息中高效和精准的提炼出与企业经营管理高度相关的数据信息，为企业的经营决策提供有效的数据信息。管理会计注重企业的内部的发展和经营，其受到固定会计专责的约束较少，并且在日常的业务活动中，管理会计是以企业为主体的，能够通过对信息的全面分析与核查，为企业的发展提供有利的支持。不同于财务会计只是面向企业过去的经营业务，管理会计所运用的信息所涉及的时间较为全面，能够更好的对企业经营活动中的信息进行预测、分析以及整理，帮助财务会计使用者更好的帮助企业规划未来，能够让企业的经营成本效益最优。在大数据时代，数据的收集和处理的效率得到不断的优化，为财务会计向管理会计的转型提供了有力的支持，促进企业经营管理活动的良好开展。

在经济全球化的趋势下，大数据时代的来临促进了国民经济的各个行业的发展，也推动了财务会计活动的变革。在新的时期下，要将会计的理论实际与时代发展进行创新性结合，有效的利用企业日常活动中的各类信息，不断的提高自身的业务水平能力，为企业管理活动提供更为有利的信息，提高企业各项业务流程的科学性和合理性。大数据的发展像是一把双刃剑，对财务工作带来挑战的同时也为带来一定的机遇，促进企业财务会计活动的转型。企业财务工作人员要正视其中的机遇与挑战，不断的提高自身的知识储备，利用大数据来不断优化自身的工作，促进企业的长远发展。

第三节　大数据时代会计变革

在大数据不断发展的背景下，大数据技术也被应用到生活工作中的各个方面，比如可以对大量的数据信息进行多种处理、获取有用的信息资源，提高工作效率等。随着大数据技术的趋于成熟，越来越多的领域逐步开始使用并推广此技术，财务会计也不例外，虽然大数据的发展确实给财务会计带来了很多积极影响，但同样也带来了一些挑战。因此，应当结合大数据的相关特征，实现大数据技术与财务会计相互融合及协调发展，以促进财务工作更加高效的开展。

大数据通常是指在一定的时间内，无法用常规软件工具对其获取、存贮、搜索、分享、分析和可视化的数据集合。目前大数据还没有一个统一的定义，但其却在很多领域在获取使用相关信息、提高工作效率等方面都发挥出很大的作用。随着市场竞争的加剧，很多企业不仅关注外部竞争，慢慢对内部竞争也给予了非常高的重视。在内部信息建设维护方面，比如财务共享、管理信息系统等，这些都会使企业内部储存的数据量越来越多。伴随着大数据技术的不断发展，其原有的结构化数据信息虽然越来越多，但是已经不能满足企业决策的需要，所以需要将相关的半结构或者非结构的信息引入企业的数据系统中。随着企业内部数据信息的增多，势必会带来信息处理时间的增加与工作效率降低等问题，但是依附于大数据技术，不仅可以有效的解决以上问题，还能为其他工作带来便利，比如在财务管理过程中引入大数据技术，能够及时查找出相关错误信息，减少企业风险，降低决策失误的可能性等。

到目前为止，容量方面的表现是大数据特点的主要内容，大容量指所储存的信息数据量非常多，汇集保存着各种各样的数据信息，而且处理信息的范围也非常广。一般情况下，在对相关数据进行整理保存、分析处理的过程中，会有不同的存储单位可供选择。另外，在企业决策方面，可以利用完整有效的数据信息进行相关处理，而不是由于数据的有限性只局限于采用部分信息，使得相关决策变得更加有效。此外，由于数据量及数据范围的庞大可以获得比较详细的数据样本，极大的提高了数据分析的准确性，减少由于信息不对称所带来的各种问题与风险。

大数据技术与其他数据处理技术相比，表现出数据处理的效率更快，比如在处理同样的数据信息时，所用时间更短，准确性更高，将数据实时性的特点进一步提升。在海量的数据信息中，信息资产也表现出显著的时效性，往往需要在极短的时间内在数据信息库中将其找到，面对如此庞大的数据信息，这无疑会耗费大量时间精力，然而在大数据技术的帮助下，可以快速轻松的找到相关信息资产，提高整体工作效率。

在大数据中，由于数据信息的庞大，数据的类型也会变得多种多样，比如文本、图像以及视频等比较常见的类型。因为每种类型下都会包含很多信息数据，这也扩大了数据的长度和宽度，也使得数据的储存更加有条理，这不仅节约了相关人员获取信息的时间，还能有效降低数据处理的难度，满足更多人群对不同数据信息的需求。

一、大数据给会计带来的积极影响与挑战

（一）大数据给会计带来的积极影响

1. 改善财务信息收集方式

一般而言，财务会计在搜寻相关信息时，都会采用比较单一的方式，收集的数据也大多为结构性数据，比较缺少多样化的信息。基于此，使用大数据不仅可以从多个方式获取相关信息，还能极大的丰富数据信息的类型。采用大数据技术，分析数据之间的相同与不同之处，找出数据之间的联系，实现对数据的整理处理。此外，在大数据时代下，扩大了信息的来源，可以高效准确的找到相关信息，提供企业决策所需的各种信息，保证财务信息更加充分，为管理人员科学的制定各项目标提供合理的基础。

2. 促使信息挖掘更加深入

在企业建立相关数据系统后，财务人员可以通过对数据的合理分析，选择出合适的数据信息并运用到工作中，以上可以看作是数据挖掘的过程。在大数据时代下，大数据技术可以对财务信息进行相关分析处理，比如在对数据进行深度挖掘的过程中，可能需要借助于一些分析工具，比如数据回归分析、数据趋势分析等。然而当遇到比较复杂的问题，需要运用相对复杂的分析工具时，一定要尽量采取新型数据处理技术，以对分析工具起到一些协助作用，使企业能够获取更深层次的信息，帮助相关管理人员做出合理的决策。

3. 保证财务人员角色及时转变

大数据时代下，财务人员的角色也发生了一些变化。随着时代的进步，以及各种技术的不断发展，一些基本的财务工作会慢慢被取代，在这种情况下，财务人员不仅需要做一些日常的账目记录处理工作，还需要朝管理方向进行转变。财务人员可以从不同的角度和层面对企业数据信息实施分析，并且预测企业在未来发展过程中可能遇到的挑战和发展机遇等，提出对管理者有用的财务分析报告，以便于管理人员能从财务的角度更加全面的了解公司的经营情况，做出正确的决策。

4. 提供精准预测及合理决策

大数据时代下，信息来源的渠道越来越多，利用数据挖掘等技术可以获得更深层次的数据信息，信息的总量也会不断增加。在对企业未来发展进行相关预测时，可以根据数据、信息资料之间的关联来展开，可以依据信息量的增多，也会使得预测变得更加精准。

此外通过分析利用这些信息，提取出对决策有用的相关信息，可以极大的提高决策的合理性，制定出更加适用于企业发展特点的决策方案。

(二) 大数据给会计带来的挑战

1. 信息存储的压力增大

为了使相关管理人员能够获取有关信息，财务人员往往需要从大量的信息库中搜集选择出各种有效信息，使其对企业的实际经营状况进行相关的了解，以为企业决策的制定提供合理的保证。大数据的快速发展使得各类信息更新变化的速度越来越快，面对海量的信息，由于数据储存空间有限，给财务相关数据的搜寻和保存等都带来了巨大压力。然而为了满足企业管理人员做出相关决策所需要的各种信息，企业必须要加大对数据库的建设，同时也为财务工作更好的开展打下坚实的基础。

2. 会计信息结构变得复杂

目前所使用的会计信息中，大多是以结构化信息为基础，在大数据库中包含着各种各样的信息，但是其中大部分却是非结构化的信息。在大数据不断发展的趋势下，会计信息需要与大数据信息进行一定程度的融合，这会促使会计相关的信息向非结构化进行转变，这样就会使得会计信息结构变得非常复杂。在这种情况下，财务人员在实际工作中，必须要对数据信息进行分析和筛选，以保证信息的可利用性，为科学准确的使用信息提供保障。

3. 财务会计信息质量相对较差

大数据时代下，财务信息量不断增加，但相关信息的准确与可靠性却不高，信息质量相对较差。在财务实际工作中，能使用到的信息只占财务信息中的一部分，并且由于会计信息质量相对较差，所以就难以体现出企业真实的发展状态，继而不能为企业相关管理者提供可靠准确的财务信息。由于大数据对企业各方面的经营发展都产生很大的影响，所以在财务会计信息质量方面，企业需要投入更多的精力，完善各项信息制度，保证财务信息的准确性，以提高财务信息质量。

4. 财务会计工作控制能力不佳

受市场经济以及时代发展的影响，企业在实际经营过程中往往会忽略内部控制的重要性，对财务会计工作造成了很大的影响。由于缺少对财务会计工作的相关控制，有的财务人员并没有根据会计准则等要求切实执行财务工作，也没有恰当的应用大数据技术，造成财务信息的混乱，给企业的发展带来威胁。对财务会计工作控制能力不佳，是导致大数据无法发挥相关优势的重要原因。

5. 信息安全性问题

在企业的财务会计工作中，信息安全问题越来越引起企业相关管理人员的重视。财务信息关乎企业的命脉，对于一些非公开的数据一旦遭到泄露，必然会对企业产生很大的影响。在大数据时代下，更需要维护好企业的相关信息，以免被一些有心之人所盗取利用，给企业带来损失，因此保障财务会计信息的安全是重中之重。

二、大数据时代会计变革策略

（一）加强财务信息化建设

在企业财务会计工作过程中，信息化技术的应用是非常重要的，并且可以促进企业会计模式的转变。此外在大数据的时代下，企业中的财务会计工作需要依靠一定的操作系统完成，因此，企业必须要拥有适合自身发展特点的会计信息系统，并且要不断更新优化此系统，使企业人员能够更加方便及时的获取各种信息，不但提高了实际工作效率，还可以对相关的财务活动进行有效的监管，促使企业更好的发展。企业在发展过程中要加强财务信息化建设，投入一定的人力财力保障财务信息系统的使用，并且要根据企业实际需求进行相关的改进，使之更好的为相关工作服务。此外，企业需要持续加强对财务人员的培训学习工作，深入了解并熟悉财务信息系统的相关内容，以便财务工作能够更高效顺利的开展。财务信息化建设，不仅给财务人员工作带来了便利，也为企业管理者提供了更加系统可靠的财务信息，为其做出有效的决策提供合理的保障。

（二）健全财务会计信息安全防范制度

在企业发展过程中，会遇到各种各样的风险，不仅要从企业层面上持续加强风险防范意识，相关的财务人员也要极大的避免各种风险的发生。对于财务会计信息风险来说，其信息风险的防范更为重要，相关管理人员必须要健全财务会计信息安全防护制度，落实财务信息监督机制。另外在信息技术安全维护方面，必须要加大资金投入，人才投入，切实保护企业财务会计等相关信息的安全稳定。企业要根据自身财务会计信息系统的特点，积极制定各项安全防护制度。在其他方面，企业要随着市场信息的变化，不断调整相关防范制度以促使财务工作更高效的开展。

（三）完善会计基本假设

传统的会计基本假设一般分为会计主体、持续经营、会计分期与货币计量。随着企业经营规模与范围的不断变化，相关的会计处理流程以适应工作的需要也会发生很多的变化，同样会计基本假设也会随着商业模式的改变发生相应的变化，因此要根据企业发展的需要完善会计基本假设。随着大数据的不断发展，事务的复杂性越来越高，对于会计主体来说，其含义范围越来越不明确，增加了判断的难度，因此要及时对会计主体进行相关的完善，以便财务工作合理的进行。另外，在大数据时代，会带来各种不确定性，企业的持续经营也会受到各方面的影响，所以要根据企业实际发展的特点和规律进行相关的调整。企业处于不断变化的信息化时代，在对财务活动进行确认与报告时，如果依然采用传统的会计分期假设，那么所报告的信息很可能是失效的，所以也需要对此进行一定的变革。

（四）加快财务会计工作职能转型升级

在大数据时代下，企业的财务工作职能不断升级，在财务工作中需要与企业实际发生业务进行相互融合，并且要加大与其他部门的交流合作，朝管理会计方向进行转变。随着大数据技术的不断发展，特别在业财融合的趋势下，如果财务工作只牵扯到会计核算职能，那么已经完全不能满足企业实际发展的需要，因此要加快财务会计工作职能的转化升级。将来财务工作可能会向智能财务方向发展，一些基本的财务工作或将被替代，所以财务人员要为企业带来更深层次的帮助。财务人员要从企业整体运营角度进行相关研究，全面的分析企业的财务及经营状况，为相关人员做出合理决策提供可靠的信息来源。

（五）构建面向未来的决策视角

财务会计工作内容一般是面向企业的过去，对企业已经发生的一些事项进行记录与报告等，然而随着企业内外部竞争的不断加剧，企业需要对未来市场经济的发展进行持续的探索，所以在财务工作中可以引入管理会计，用于增加企业的竞争优势。管理会计可以在一定程度上预测未来市场的发展方向，以相关信息数据为基础减少各种风险，提出有效可行的风险解决措施。此外在大数据时代背景下，企业管理人员还可以根据未来发展目标提出一些适合本企业的财务改革方案。财务人员可以选取一些有利于企业管理人员做出决策的各种有用信息，保存到企业信息数据库中。另外还要采取合理的方式编制财务报表，为企业未来发展提供相关的数据基础，降低企业决策失误的可能性。

（六）建立全面有效的监督管理部门

在企业的日常经营过程中，对各项事务及相关人员的监督管理尤为重要，可以及时的预防或发现不正当的行为，对员工起到约束警示等作用，因此建立全面有效的监督管理部门对企业的正常运行十分重要。对各项财务信息进行监管，以保证其真实可靠，避免信息泄露及失真等问题，监督相关人员是否切实履行工作职责，严防徇私舞弊等情况的出现。监督管理部门人员要切实履行相关的工作职责，严禁互相隐藏勾结等不良行为。另外，监督管理机制应当根据企业内外部的变化及时进行调整，不断优化各项制度，并且要加强对相关监督管理人员的培训与学习，提高其整体工作效能，促进财务机构的稳定发展。

（七）实现多元化的货币计量

会计的计量属性一般以历史成本为基础，然而在大数据时代，信息的使用者在了解财务会计相关信息时，现实成本往往更能反映出企业的实际状况，因此会更加看重各项现实成本，于是将公允价值带到了财务会计的计量属性中。在大数据时代下，能够比较便捷的获取各种有效的财务信息，这极大的提高了公允价值的可靠性。传统财务会计的货币计量单位一般是元，然而在大数据时代，由于各项信息及数据的增加，所以会出现更大的会计计量单位，将极大的提高相关信息处理能力及工作效率。所以，财务会计变革的一个重要内容就是实现更加多元化的货币计量。

（八）提升财务会计人员综合素养

大数据时代企业财务会计变革发展过程中，必须要提高财务会计人员的各种素质，引导财务会计人员不断转变思想，培养自己的各项职业能力，并将这些运用到企业实际的财务管理工作中，从而实现财务会计的转型发展。此外，企业必须要定期对财务人员进行相关的专业技能及素质培训，不断提高其综合素养，使之更好的为企业及其自身的发展服务。财务人员也要树立忧患意识，持续学习各项技能，不断了解国家相关法律法规政策，提高自己的综合能力。

大数据时代财务会计工作发生了一些变化，大数据技术的发展也促使财务会计进行相关的变革转型。在这些情况下，财务会计要积极适应大数据发展的特点，使其为各项工作的高效开展所服务。此外要积极转变财务会计发展理念与方向，准确发现并利用大数据时代下各种技术的真正价值，抓住大数据时代给财务会计带来的机遇，迎接大数据时代引起的各种挑战，促进企业财务会计能够拥有更好的发展空间。

第四节　大数据时代的会计发展方向

在大数据时代中，通过有效地应用大数据技术，能够实现对海量信息的快速分析和处理，对于提升财务会计工作质量、工作效率等方面，都有着非常积极的作用。但是在大数据技术不断扩大应用范围的背景下，也为财务会计带来了一些前所未有的挑战。因此，为了保证财务会计工作能够适应大数据时代的特点，积极应对大数据时代对财务会计工作带来的挑战，当前需要针对在实际发展中存在的具体问题进行分析，制定出针对性的解决策略，促使财务会计能够实现与大数据的有效融合，保证财务会计能够更加高效的开展。

互联网技术将人们带入了一个全新的时代中，在处理海量信息的过程中，大数据技术发挥出了较大的作用，有着非常大的实际应用价值。大数据也叫做巨量数据，主要体现在数据量比较大，能够收集、获取以及处理大量的信息，为各行各业应用数据信息提供一定便利。当前各个企业在实际的发展过程中，为了能够提升自身的市场竞争力，很多企业开始对内部数据的共享建设工作给予高度重视，开始逐渐在企业内部形成了大量的数据信息。而在大数据技术不断发展中，其原有的结构化数据范围开始不断扩大，一些半结构化、非结构化的信息开始出现。在这种情况下，企业就可以有效地应用大数据，实现对数据信息的快速、实时处理，节约大量数据信息处理时间的基础上，能够有效提升数据的利用率。大数据不仅对一些企业的信息处理工作带来了便利，同时在其他工作中也有着比较广泛的应用，如可以将大数据应用在财务管理中，可以实现及时发现数据漏洞，促使传统财务会计管理朝着管理会计转变。

大数据时代特点主要可以体现在以下四个方面。一是数据量非常大。主要是指企业在大数据时代中能够通过多种不同的途径，对大量、种类不同的数据信息进行获取，但是由此出现的问题就是需要对大量数据实施收集和筛选，工作量相对较大。二是数据结构比较复杂。在大部分企业中存在的结构性数据以及非结构性数据信息会同时出现，这也成为了大数据时代为财务会计工作造成的领带一个困扰，即企业在制定各种决策的过程中，考虑结构性数据的基础上，也要从非结构数据中将对应的信息提取出来。三是数据产生、处理的实时性。如果企业能够及时利用大数据获得大量的数据信息，并且有效地对数据进行处理，那么就可以为企业决策者提供更多更加准确地数据信息，更加有效地促进企业财务会计工作水平实现提升。四是信息密度相对比较低。即使企业在利用大数据技术时能够获得大量、及时的数据信息，按时与企业会计信息的实际需求相对比来看，其中包含的有效信息也比较少。

一、大数据时代对会计产生的积极作用

（一）保证财务信息更加充分

在传统财务会计工作模式下的会计信息使用者，一般会通过会计报表对企业的实际发展情况进行了解，可以参考的信息比较片面，无法满足企业中的实际决策要求。而决策者更加需要多样化、充分的会计信息，这就要求积极利用大数据技术给予一定支持，通过大量的数据结合处理技术，为决策者提供更加真实有效的信息。同时，传统会计信息主要是来自于结构性数据，这些数据有着易分析、好利用等优势，但是在大数据时代下出现的数据信息主要是非结构性数据，不仅包括企业内部和外部数据、财务数据与非财务数据，也包括宏观经济形势与微观个体经济行为的相关数据等。而大数据能够实现对所有数据的有效整合，将数据之间存在的关联准确找到，排除噪点、准确印证，高效率、低成本地提供丰富信息，促使企业能够不断提升管理，更加客观科学地制定企业决策，促使企业能够实现更好的发展。

（二）保证会计信息更加准确

在以往实际会计工作中，财务会计信息一般是通过账簿、凭证以及报表的记录和核算获得，这种形式不仅容易在数据信息的整理与传递过程中出现错误，造成输出信息存在一定偏差；同时会受到信息源的限制，造成会计要素在确认以及计量中，需要实施大量的会计预测工作，如公允价值计量、计提准备等，容易出现财务漏洞，为一些不法分子提供可乘之机，影响会计信息质量。而在大数据技术发展水平不断提高的时代中，企业利用大数据技术能够实现有效地获取、分析、处理大量会计信息，通过实现数据之间的互相关联和印证，保证会计信息更加准确。

（三）保证信息挖掘更加深入

通过准确利用大数据技术，对现有的财务会计信息实施分析与处理，能够保证更加直观地对企业经营状态进行了解，保证企业能够作出更加合理的决策。在传统财务会计工作中，由于受到了信息技术的实际约束，很多工作只能是简单完成，造成大量会计信息价值没有及时发挥出来，无法实现充分、深入的挖掘。而利用大数据技术，企业在经济市场中可以对所需的信息实施准确收集，并且与企业实际发展状况相结合，对企业今后的发展方向实施及时、准确调整。这样不仅能够保证财务会计的工作质量，同时也可以提升企业在市场中的地位。同时，实施财务管理工作的部门，在大量数据中发现、提炼存在较高交织的资料，并且客观地将企业发展状况反映出来，就能够有效推动企业的可持续发展。

（四）保证人员角色及时转变

在传统财务会计工作中，会计人员日常知识对财务报表中的各项数据信息实施简单分析，并且为管理者提供一些基础的数据信息。而在大数据将时代中，传统会计人员在职能上实现了非常大的变化，不只是简单地记录账目，需要朝着更高层次的管理会计方向积极转变。而在这种情况下，企业中的财务会计为了保证能够跟随市场的实际发展情况，促使企业实现更好的发展，就需要会计人员通过不同的角度和层面对企业中数据信息实施分析，并且利用大数据技术发现企业在发展中可能遇到的各种问题、未来可能出现的发展机遇等。在此基础上再与企业的实际情况结合，为企业今后发展作出有效的决策。

在大数据的时代中，数据信息主要分为结构与非结构两种，其中一些非结构数据信息无法实现充分利用，无法体现出其具备的真正价值，影响了财务会计工作的高效开展。同时在大数据时代中，所提供的大量信息不仅不完全是相关信息，同时也存在着一些无意义的信息，这些信息不仅在准确性方面需要进行充分验证，并且在一些情况下还需要实施抽样检测。这就造成存在大量的信息需要进行鉴别和处理，提升了信息的复杂程度，直接影响了财务会计工作的效率。

尽管大数据时代下企业中财务信息量不断增加，在内容上也越来越全面，但是并不是所有的信息都能够被应用在财务工作中，信息量的增加和信息运用量不成正比，无法准确、客观地反映出企业财务状态，进而不能够为经营管理工作提供有利的依据。大数据时代对于企业技术发展、数据高效的收集和整理等工作，都有着非常积极的影响，但是在保证会计信息质量的方面，还需要不断地进行完善，以此保证企业能够探索出更加有价值的数据，促使企业实现全方位发展，进而保证企业的财务信息准确性，使其能够朝着标准化、科学化方向不断发展。

在市场经济不断发展的全新背景下，当前各个企业为了能够适应时代的变化，开始对企业规模进行调整，将销售放在企业运行的重要地位上，而忽视了内部监控和管理的同步，造成财务管理工作无法体现出应有的效果。同时，一些企业并没有在实践中遵循现有的一些财务会计制度、标准，准确地应用大数据技术，促使企业财务会计工作更加有效的开展。这种在企业财务会计工作方面的控制力不足情况，是影响我国各个企业财务管理无法有效开展的重要因素，同时也是导致大数据无法发挥出积极作用的原因之一。

财务工作主要是为企业中管理者制定决策、战略提供有效信息的一项工作。在市场经济不断发展的情况下，大量的企业开始专注于市场竞争，因此也会更加注重经营决策的有效性。这就造成财务会计工作的实际目标出现了变化，逐渐开始由经济管理方面的责任，转向了需要承担对应的决策责任。而大数据技术的出现，数据的信息容量增加，使用者的要求也出现了变化，变得更加个性化、多元和复杂化，但是实际上这些要求是财务会计工作无法真正满足的。企业中的这种形势不仅造成传统会计工作在职能上出现了比较大的变化，同时也造成财务会计工作需要面对大量的不确定性，严重影响了财务会计工作的顺利开展。

二、大数据时代会计工作发展的方向

（一）适应大数据时代特征，建立会计信息系统

在大数据的时代下，企业中的财务会计工作需要依靠一定的操作系统完成，因此，企业需要准确适应大数据时代的特征，建立对应的会计信息系统，并且加强与其他办公系统的沟通和交流，有效实现企业内部的信息资源共享。这样不仅能够有效提升企业的实际工作效率，同时也可以实现对财务活动的有效监管。首先，由于企业中建立对应的财务信息系统，不仅能够保证企业可以从大量的信息中提取有用信息，提高内部控制和管理水平，减少财务风险出现的几率，同时企业管理者也可以从大连信息中更快的获取有用信息，保证决策的合理性。因此，企业中的管理人员需要重视财务信息化建设工作，深入学习财务信息化建设的方式、具体内容，并且将一些比较成功的管理经验融入到实际工作中，保证财务信息系统能够发挥出更好的作用。此外，企业需要提升对内部财务会计人员的培训以及再教育工作，保证其能够准确掌握对应的操作技巧，积极利用信息系统开展财务会计工作，保证工作效果。其次，在积极开展信息建设的基础上，企业需要引导财务人员及时完善和充实自身的理论知识，扩大知识储存容量，在信息化办公中不断提升计算机能力，保证自身的能力和水平能够真正满足企业运行与发展实际需要。最后，大数据时代为企业提

供了更加丰富的内涵，同时也为企业带来了更多的数据信息，从多个不同的角度对企业价值产生着影响。因此，企业中的财务会计人员也需要及时地更新自身知识，对多样化的数据信息进行分析，进而为企业管理层提供更加多样化的信息，使其能够作出更加准确、合理的企业发展决策。

（二）明确大数据实际价值，实现深度信息挖掘

在大数据的全新时代背景下，加强对于财务信息的挖掘程度，不仅要求财务会计人员能够熟练、准确地掌握对应信息技术，同时需要更加准确、快速地对大量数据资料进行分析，并且从中发现具备一定价值的资料。以此保证能够全面将企业现有的经营和发展情况反映出来，避免由于信息不对称对企业发展带来一定不好影响。首先，在大数据技术快速发展的全新背景下，当前企业在实际的生产和经营过程中，避免不了会出现大量结构化数据信息，并且还可能在全新数据类型、网络技术的支持下，出现各种非结构化的数据、其他特殊类型的数据。这类数据信息对于财务会计工作，也有着一定的作用和价值。因此，为了保证能够发挥出非结构化数据信息的真正价值，当前会计人员需要对相关的软件进行熟悉，拥有良好的非结构化数据操作能力。这样才能够真正将数据信息有效应用在企业发展中，进而通过有效地挖掘数据价值，真正满足使用者对于数据信息的实际要求。其次，在计算机技术与信息技术不断发展过程中，财务会计工作中数据的处理也更加便利，尤其是对于一些结构化数据信息的会中、计算和统计工作，当前已经提升到了比较成熟的水平上，即使面对的数据量再大，依旧可以利用对应的软件对数据进行有效地处理。但是在信息技术不断发展中，一些半结构化或者是非结构化数据开始成为数据界主流，因此，想要保证能够从海量数据中真正发现存在实际应用价值的数据信息，财务会计人员就需要充分、及时、准确地对每个数据价值进行分析和了解，实现对非结构数据的深度挖掘。只有这样，才能够保证企业通过挖掘出更多的数据价值，在市场经济中拥有更好的竞争优势。

（三）了解大数据具体特征，加强财务控制力度

针对财务会计工作来说，加强企业中财务控制力度，会产生较大的影响，而在其中非常重要的一个环节就是财务会计工作的监督与管理。因此，想要保证大数据时代下财务会计工作能够更加有效开展，避免财务信息失真、财务数据不全等问题出现，就需要及时地对监督管理机制进行健全和完善，发挥出财务会计管理工作的作用，促使企业能够实现可持续发展。首先，在大数据时代中，企业需要重点关注并设立对应的监督管理机构，并且对机构的具体职责进行有效明确，为后续工作更加高效开展提供一定支持。同时，企业需要结合实际的发展情况和发展目标，科学合理制定财务数据分析监管制度，以此保证能够及时发现问题、上报问题、解决问题，进而保证企业财务会计工作能够更加有效开展。其次，在企业构建对应信息平台的过程中，需要基于数据分析的角度，提升会计信息质量，

合理地建设和完善信息平台。这就要求在实践过程中，一方面要重视正确地选择财务软件，保证数据生成能够真正与企业的经济发展要求相符合，体现出数据分析工作的实际价值；另外也需要重视信息、网络安全管理工作，建立对应的信息安全管理系统，定期的开展安全维护工作，并且通过聘请专业人员建立与软件适应的防火墙、系统加密等方面是保证系统的安全性，避免信息泄漏。这样不仅能够保证对应信息系统和平台更加高效运行，同时也可以保证信息在企业内部实现安全、有效的传递。

（四）发挥大数据技术优势，提供准确决策依据

财务报告主要体现的是企业经营活动具体情况和成果总结性信息，报告中信息的完整性和准确性，能够为企业管理者制定更加准确的决策提供支持，真正满足企业决策者对于会计信息在质量上的实际要求。因此，在实际的财务会计工作中，需要积极发挥出数据技术的优势，为决策者真正提供更加有价值的决策信息。首先，保证对数据信息负责，就意味着需要强化财务会计工作的实际责任，提升财务会计工作信息质量，实现及时发布、及时整理对应的信息，这样才能够满足企业的实际发展要求，以及社会发展对于企业财务管理工作的需要。因此，企业需要从切身利益的角度出发，充分结合企业的支出情况、经营状态以及一些可能出现的额外盈利等，准确地对企业经营能力、发展能力进行分析，在此基础上再与财务报告结合，制定出更加准确的企业发展决策。其次，在大数据时代中，投资者不仅会关注财务报表中的数据信息，而是一些其他的表外事项。因此，在实际的财务会计工作中，需要及时地将一些非结构性数据信息加入到表外事项中，通过微观数据将企业的经营情况反映出来，并且从宏观角度将企业的发展趋势、行业地位等展现在投资者面前。进而为投资者提供更加真实、准确的参考，保证企业能够获得更多的资金支持，实现更好的发展。

大数据技术为财务会计工作带来了一定的积极影响，同时也对财务会计提出了全新的要求，在这种情况下，想要保证财务会计工作更加有效的开展，不仅需要积极转变原本的财务会计发展理念和方向，同时也需要准确发现和利用大数据时代下各种全新技术的真正价值，准确抓住大数据时代带来的机遇，促使企业财务会计工作能够获得更好的发展空间。

第五节　大数据时代会计转型策略

财务会计对企业运行的重要保障，是促进企业稳定运营的重要根本。传统的财务会计以人工方式进行统计计算分析，随着信息技术的发展，很多财务会计开始应用计算机技术，对数据进行分析，而基于大数据背景的财务会计工作，将大数据技术、云计算技术融合在工作之中，其计算能力、分析能力、工作效率，均得到了很大程度的提高，工作模式

也在逐渐转型。

相比较传统财务会计工作而言，现代财务会计工作技术性更强，财务报告数据提取基于数据库技术，在进行准确的核实、记录基础上，以可视化形式对数据进行分析。有效避免了人工计算的失误、造假情况，提高了财务会计信息数据计算的准确性。

财务会计信息具有复杂性特点，数据种类比较多，包括成本、利润、销售、人工、设备等资金的投入与回报，传统的财务会计信息整理周期比较长，数据分析无法全面深入。大数据时代下，企业财务会计通过大数据技术，利用程序将其进行归类总结，可深入挖掘市场信息，减少资源浪费，分析结果更具准确性。

企业财务会计信息处理效率更加便捷，主要依靠计算机技术，可实现企业内部信息的共享，保障各部门财务信息的透明度。大数据技术以云端储存的方式，将各部门的财务数据进行统一协调，财务会计获取信息的渠道得到了优化，信息处理效率也得到了极大的提升。

一、转变工作理念，树立大数据思维

在大数据时代背景下，财务会计工作要摒弃传统的工作理念，"取其精华，弃其糟粕。"在财务会计转型中，计算机技术、网络通信技术、数据库技术、大数据技术、云计算技术等，成为了财务会计工作的主要形式，工作人员需树立大数据思维，坚持企业财务数据信息的开放性、共享性。财务会计需尽快适应新的工作方式，接受新的工作理念，对工作理念进行变革以及创新，切实满足财务会计工作的需求，应用新方法、新技术。工作人员需主动学习数据库技术的操作方法，了解大数据技术的工作内容，树立现代化的工作思维，建立动态化的信息财务工作理念，能够熟练的应用大数据技术对市场的变化进行分析，为企业决策提供更加准确的指导性意见。在工作理念转变过程中，会计人员需重视各部门财务工作与业务工作的对接，充分发挥财务会计的工作职能。转变工作理念要求员工自觉遵守转型需要，快速接受新的工作模式，探寻新的工作方法，树立先进的工作理念，充分发挥大数据时代下财务会计工作的优势，实现财务会计工作深入转型，切实提高大数据技术功能在财务会计工作中的优势。

二、应用信息技术，深化科技进程

在大数据时代下，企业若想深入财务会计的转型，需重视信息技术在财务会计工作中的优化以及应用。信息技术作为大数据技术的基础，在转型工作中，企业需落实财务会计工作职责，完善工作内容，利用信息技术生成财务报表，审核财务信息，并利用信息技术进行财务归档。在大数据时代下，以大数据技术为依托，企业需加快财务会计工作智能化进程，提高财务信息应用的准确性、及时性、自动化。在转型中，企业首先要完善企业内部基础设施建设，在财务管理管理系统中，应用数据库技术，并完善财务信息系统，强化财务信息系统运行效率，优化系统防护功能，将最新、最完善的信息系统应用到财务工作中。其次，企业在财务会计转型中应优化计算机设备，提高计算机硬件设施，保障计算机的运行效率，减少计算机故障情况。最后，企业应重视信息技术的开发，构建财务信息管理平台，以完善的信息系统管理体系，实现财务信息的共享，推动财务会计信息工作的转型升级。在转型过程中，企业应深入研究信息技术应用，强化信息技术的应用优势，使其在技术上、系统平台上，优化企业结构，促进财务会计转型升级。

三、优化工作程序，明确工作流程

以大数据背景为依托，财务会计在工作转型过程中，企业需对工作程序以及工作流程进行明确，优化财务会计工作结构。财务会计转型需要一个过程，有关部门需坚持优化性原则，坚持财务会计工作的层次性。在转型中，企业应坚持一体化的财务会计管理，对各部门之间的职能进行整合，优化企业财务工作，最大限度减少会计计算、分析的误差，通过各部门之间的监督、协调，促进各部门工作的效率提升。在工作流程优化过程中，企业应坚持经济效益与工作效率的导向作用，在原始工作模式的基础上，对大数据时代下的财务会计工作进行重构。与传统工作模式进行对比，要将传统数据提取工作向数据库数据提取转化，财务结构管理模式向信息化管理方式转化，对财务会计组织结构、职能、工作方法、工作流程等进行调整，以偏平式的管理模式，优化员工岗位结构，赋予管理层更多的权力，并在大型决策会议中，提高财务会计的参与度。工作流程、程序优化财务会计转型的重要阶段，也是提高转型效率的重要方法，企业给予高度重视，并以文件的形式，对工作流程进行明确，建立财务会计工作细则。

四、重视人才培养，提高专业能力

在企业财务会计转型过程中，企业应重视现代化会计人才的培养，招纳具有现代化知识的专业性人才，强化企业大数据财务会计队伍建设。会计人员的专业能力、管理能力、技术能力等对财务会计转型具有直接影响，以复合型专业人才培养为目标，是企业财务会计工作转型的客观需求。现代化专业人才获取途径有两个，一是以高薪挖掘市场人才，二是企业内部对人才进行培养。首先，企业应重视高素质人才的聘用，在企业转型中发挥模范榜样作用，要求企业内部员工向其学习，树立良好的工作氛围。其次，企业可通过企业文化构建，工作作风宣传，点亮企业转型旗帜，增强员工对大数据时代的认知以及理解，树立企业员工的大数据意识，并以激励的方式，促进员工自主学习大数据技术以及大数据知识。企业可通过培训方式，提升财务工作人员的信息技术应用能力，云计算系统应用能力，为企业财务会计转型工作提供保障。在转型过程中，企业要在重视人力资源在企业发展中的作用，重视人员技术的开发，规范财务会计的工作行为，以高职业技能与专业能力，促进财务会计转型的不断深入。

五、完善工作体系，重视制度建设

在大数据时代下进行财务会计转型，需建立科学的工作制度，给予财务会计转型工作制度保障，促进财务会计转型的不断深入。企业需根据自身的实际情况，树立科学的转型目标，并对财务会计工作制度进行优化，财务会计工作人员的行为进行科学引导，明确各员工的职位、职责、避免出现重复工作等问题。另外，企业应建立科学的激励制度，以战略性人力资源管理为核心，将财务人员绩效目标与企业绩效目标相整合，切实保障企业员工的利益，保障财务会计在转型工作的热情。另外，在转型过程中，要尽可能完善反馈制度，树立科学评价指标，并以完善的管理制度以及监督制度，保障财务会计转型的协调性。企业需重视新制度的建设，以信息管理制度为核心，重视对财务会计人员的绩效考核，若员工出现失误情况，需给予员工相应的处罚，落实个人责任制度。所以，若想推进财务会计转型的深入，企业需采取科学的激励制度，以薪酬、绩效为激励方式，保障激励制度的儿科学性。企业还需建立完善的管理制度、监督制度，对转型中工作人员的态度、理念等进行规范，促进转型的不断深入。

总而言之，大数据技术发展为财务会计转型提供了动力，相关企业应紧跟时代的脚步，采取相关措施，实现企业财务会计的向大数据时代的过渡以及转型。本节从工作理念、工作内容、工作制度、人才培养等角度，对财务会计的转型策略进行了探讨，为企业构建科学的财务体系提供经验借鉴，旨在提高企业的财务工作效率，促进企业稳定运行。

第六节　大数据时代会计模式的转型与变革

财务会计的发展与经济以及社会进步有着密切联系。当前，人类已经步入信息化的时代，财务会计随着市场环境的变化不断发展及完善，可以说，财务会计是依照经济环境而发生变化的，并进行相应的改革以及转型，这样能促使财务会计与社会以及国内经济实现协调性的发展。特别是随着现代信息化技术的不断深入发展，企业的经济数据在不断增长，数据量也在爆炸性增加，数据结构也变得越来越复杂，在这样一个信息数据爆炸的时代，大型国有企业和民营中小企业都在加快发展的步伐，希望能找到一条提高核心竞争力、实现企业财富、资源稳步增长的途径。

一、大数据时代会计变革背景

现代社会中数字化信息瞬息万变，变得更多、更快，从政府到民间，从商业到科学，这些变化和影响无处不在，为此，一些科学家和计算机工程师们为这个现象创造出了一个新名词："大数据"，这个时代也被称为"大数据时代"。

大数据，也称海量数据，是指所涉及的数据量已经太大，它不能在合理的时间内被人脑或主流软件检索、管理和处理，整理成积极帮助企业经营决策的资料。大数据时代随着科学技术和互联网的发展已经逐步到来，现在，每个企业每天都会生产出大量的数据，数据的量级已经从 B、KB、MB、GB、TB 发展到了 Pb、Eb、Zb、Yb，甚至能达到 BB、Nb 和 Yb 的量级。

大数据逐渐走入人们的生活中，企业应该依照发展趋势完善原有的财会体系，让企业发展能符合时代需求。会计工作是时代演变的产物，必须要对工作体系进行革新，提升其时代发展的先进性，为此，立足大数据的发展，企业必须要对财务工作进行创新发展。对于企业来说，大数据时代的管理和传统的管理最大的区别就在于如何分析和利用这些海量数据，大数据时代的管理是基于对海量数据的科学分析，而不是凭直觉和经验进行业务决策；财务会计的本质是在以数据收集、数据分析的基础上而进行的数据量化的管理。然而依托于大数据技术中的数据仓库以及数据挖掘技术，可以使企业的管理更加精细化，使财务管理中各种的工具，包括预算的管理、成本的管理、业绩的评价、会计报告等，在进行商业决策的过程中发挥出越来越重要的作用，因此财务会计也要相应地做出一些变革来适应大数据时代的要求。

（一）会计人员需要收集和存储更多数量和结构的信息和数据

不能对大数据呈现的价值进行评估，就不能对有用信息进行精准的估算。运用大数据创新技术能更科学地反映出企业整体的运行状态，给数据提供更加便利的条件。企业对大数据进行搜集和整理，可以提升企业整体的市场份额，为企业获得较好的竞争优势。会计部门是与数据信息紧密联系的部门，如果可以运用大数据所提供的发展数据，则能给企业提供发展信息。因此，这就要求企业的财务人员，必须能够熟悉信息技术，并能够快速地在海量数据和复杂数据中寻找有价值的数据，从而充分反映企业业务的发展，消除信息的不对称问题。

随着市场经济的完善，企业获得发展利润的核心因素是成本控制，也是微利时代的发展要求。在大数据时代下，从事成本控制的财务人员要具备扎实的专业素养，也要对企业整体发展过程进行高度关注，在企业的生产过程和内部控制过程中，控制产品的报废率、生产效率以及成本差异等指标。立足成本控制的体系，企业能对成本数据进行深层面的分析与挖掘，对各项成本数据进行科学的收集工作，并分配和分析这些数据，为企业的决策提供帮助，为企业成本的有效控制奠定基础。

（二）会计须适应大数据提出的处理需求

大数据改变信息传递的方式，增加网络信息的数量，传统的财会数据处理存在诸多不足，整体处理能力较差，不能对数据进行有针对性的筛选以及处理，因此，财务人员只能对财务数据进行传统方式的分析，依据数据变动掌握企业呈现的变化趋势，分析企业整体的运营能力，但是不能对企业整体运营能力进行深层面的分析，整体处理能力较差。为此，财务会计应该对数据信息进行全面管理，分析出有价值的财会数据，并对它们进行处理以及分类管理。同时，企业应该针对信息的种类制定不同的发展方案，以此对未来发展做出更科学的规划，有助于企业实现健康的发展。此外，企业需要借助大数据开展统筹工作，给企业在经济层面的发展提供帮助。从整体层面上讲，大数据时代要求财务会计所具备的信息数据统筹以及综合管理能力，这也是当前财务会计缺少的专业能力，只有具备这些专业能力才可以为企业提供更多的优质服务，增加企业整体竞争能力。

（三）财务信息的使用者提出了个性化需求

财务会计工作是为经营者提供信息，帮助决策的一项系统性工作。随着市场经济体制的不断发展，市场整体竞争程度较高，要想获得利益，企业就应该保障决策的科学性，也需要保障其正确性，而人们更加关注适用性，这就导致企业财务会计目标发生变化，逐渐从管理责任转变为决策责任。随着大数据的出现，更多企业关注到云计算的应用，数据以及企业信息数量不断增加，用户呈现的财会信息需求更加多样化，也更加个性化，体现出很强的不可预测性。为此，大数据发展要求企业更加关注财务会计信息的个性化，对原有的会计工作提出更多的挑战。在大数据时代的发展过程中，财务会计工作应重视这一发展趋势，采取积极的措施来应对这一不确定性。

（四）非结构化数据的价值日益凸显

目前，企业和事业单位的会计处理主要涉及到各种结构化数据的处理。随着现代计算机技术的发展、信息技术的创新和网络技术的更迭，会计人员对结构化数据的处理越来越方便。在这方面，技术已基本成熟，并已能非常熟练地处理结构化数据的计算、汇总、统计等。如果遇到大量的企业财会数据，可以应用商业软件实施处理，以此完成相关的财务会计工作。但是，随着数据时代的深度发展，很多半结构以及非结构的数据软件应用到岗位工作中去，这样的转变不仅要反映在数据的量的变化上，而且充分地体现在所产生的价值上，所以，会计人员需要从众多的企业数据中寻找那些有价值的财会数据，并且对这些数据进行充分性的分析，并从这些数据中找出非结构化的数据。所挖掘的数据价值越多，就能提升经营者的整体竞争实力。为此，管理者应该重视对财务信息的精准性，逐步提升财务数据在财务工作中的作用，财会人员应该重视对各项数据的分析以及运用，提升这些财务信息的利用能力，逐步强化财务数据的价值。

（五）会计数据的精准性要求越来越高

传统财务报告的工作，主要是在对数据进行基本确认、进行计量等工作基础上实施的，企业的财务数据和相关业务数据是企业管理的重要资源，由于技术手段不足和不完善，它的价值没有得到充分发挥，未能引发充足的关注。部分企业在进行决策时受到技术条件等条件的限制，并没有充分且及时收集、整理以及分析符合决策工作需求的财务数据，这样就导致对数据进行分拣的难度加大，整体处理效率低下，影响企业最终财会数据的精准性以及可用性。许多财务管理数据在被企业生成财务报告前一直处于未被重用的状态。大数据提升技术研究的科学性，企业可以对各种数据进行科学的处理，并对数据进行整合，更好地挖掘有价值的财会信息以及有效的发展数据，促使企业获得更好的发展，这样能提升财务数据的精准性，促使财会工作能实现科学的发展。

（六）会计人员需转换角色

大数据改变传统财务工作的角色，摆脱之前的财务岗位角色。会计人员不仅要开展简单的核算以及整合等基础工作，也要实施更高层面的财会工作。传统的财会人员能立足报表数据进行分析，为管理者提供相关的决策依据。随着市场竞争的加剧，之前简单的报表数据分析不能满足企业实现信息化发展的需求，在大数据时代发展下，财务人员能从不同层面探索企业需要的财务数据，打破之前财务报表不能深度分析财务数据的问题，通过对这些财务数据实时分析，可以更好地发现企业在市场发展以及成本管理中的难题，也可以对企业的经营业绩做出客观的评价，也可以揭示出企业在经营思路中存在的问题，可以更好地为经营者转变思路提供明确的方向。

二、大数据时代会计转型的思路

随着大数据时代的到来，人们获取数据信息的方式越来越简单和快捷，企业要提升对财务数据进行选择以及处理与整合的能力。面对新形势，财务会计工作必须及时创新才能确保企业健康、稳定、可持续发展。财务工作必须与时代、社会以及生活等背景相结合，才能顺应时代发展的潮流。

（一）会计人员要提升整体专业能力

国内财会人员在构成上体现复杂的特点，年龄长的财会人员虽具备一定专业能力，但是存在落后性，财务思想也比较陈旧；年轻的财会人员从业经验较少，也欠缺一些工作能力。从整体层面上看，财会人员整体专业能力未能达到时代发展提出的需求，这样就阻碍了财务工作的创新转型，更阻碍了企业的全面发展。结合上述研究得知，企业在新时代发展下应该重视对专业人才的培养，只有实现专业人才的转型，才能加快财务工作的转型进程，为企业发展提供更高质量的人才保障，所有企业需开展多个方面的转型工作，提升财会人员的综合素养。第一、对财务人员进行能力培训。财会工作的转型需要重视对财会人员进行能力培养，提升其工作能力。针对当前的财会队伍，企业需要将大数据融入到平时的培训中，拓展其业务视野，以此实现现代化财会人员的培养。同时，企业可以派遣财会人员出去学习，学习先进企业所采用的大数据处理方式，强化财会工作的科学性。第二、建立大数据管理专业机构。这就需要政府的大力支持。在西方，许多国家已经建立了大数据管理专业机构，并设立了与大数据管理相结合的财务会计专业，以培养更多的专业管理、挖掘大数据资源的会计师。

（二）要重视会计工作人员人本化的理念

企业需将人本思想放置在工作核心。知识时代发展下，企业要想提升整体竞争能力就需要科学开展人力资源管理，为企业创造更多的发展价值。传统的人资管理模式表面上看着是比较稳定的，但是实际管理中存在多项隐患，如员工之前出现责任推诿，争吵不休等。大数据时代的到来，信息传播体现出碎片化的发展现象，只有提升财务人员的主动性，才可以为企业提供更多的发展数据以及生产力。因此，人本思想能改变当前财会工作的现状。长久以来，企业财务人员已经出现脱离实际岗位需求的现象，仅是在办公室进行业务处理。大数据能让财会人员实现业务以及具体财务工作的结合，工作人员需要深入企业的部门以及具体工作环节，促使业务信息转化为有价值的信息，给企业提供更多财务数据分析。在传统业务工作中，财务核算的程序比较复杂，财务人员主要是对财务报表进行反复的核算，个人工作能力则不是很强，不能从全局层面对财务报表进行统筹管理，也就不能科学分析整体财务状态。同时，通过人工进行财务核算不能提升整体工作的效率，导致传统财务工作的效率比较低。

财务会计在更新发展中，传统财务方式以及核算内容均发生变化———从传统财务转型为信息化。大数据对财务管理的转型发展注入更多动力，解决之前繁琐的会计核算工作问题。同时，大数据促使财会人员将工作精力主要放在财务信息收集以及深度挖掘上，以此更精准分析整体财务情况，也能探索整体运营能力。通过对财务数据进行深层面的思考，也可以识别企业潜在的财务风险，科学判断企业经济发展能力，促使企业实现综合能力的强化。此外，通过改变传统的财务工作内容，也能提升财会呈现的作用，让财务部门与其他部门进行深度的沟通，实现财务信息的共享，让部门实现协调性的配合。

（三）要提高财务人员整体财务管理、财务分析及运用的能力

大数据技术的发展将极大地提高财务管理的能力，现代信息技术的发展带动了物联网、互联网、企业内部信息网络的快速发展和大数据时代的发展。在没有信息技术支持的情况下，大数据的收集、处理、输出和分析将被阻断。因此，现代信息技术已成为现代企业赢得竞争的重要手段，成为战胜对手的重要武器。在信息时代，所有的会计工作，例如信息的传递、资料的下载、管理软件等都必须依赖于计算机，由于大数据技术具有较高的数据处理速度，同时具备较强的数据处理能力，因此，会计人员可以依靠大数据技术来处

理更多的会计信息，且同时能够进行多项财务工作。在这样的情况之下，企业内部的财务岗位将会发生一定的变化，相似职能的会计岗位将会合并成同一个岗位，且在大数据技术的支持下，该岗位财务工作的准确性和效率将大大提高。所以说，立足大数据对财务工作呈现的影响，财务人员需要积极提升整体财务管理的能力，提升财务分析以及运用的能力。大数据对财务工作的模式提出更高层面的需求，要实施创新性的财务管理，增加对财务信息的分析以及运用能力。财务人员只有提升财务管理的综合能力，深度分析财务数据中蕴含的内容，科学分析财务工作可能遇到的风险，以此制定科学的发展策略，提升企业财务数据处理的能力。

（四）要改变财务人员传统的管理思维

在以往的财务管理工作中，相对落后的管理理念直接影响着企业财务管理的实际效果，所使用的财务管理机制、财务管理理念、财务管理方法等都无法对企业的经济运行情况进行全面管理，并对财务会计的转型变革产生了一定的阻碍。部分财务人员盲目相信财务报表，企业收支与具体支出可以真实反映运行情况。但是仅通过简单财务报表以及流水账，则不能真实反映企业资金的流动情况，也不能对未来投资进行准确的评估，也不能进行科学的规划，影响财务工作呈现的先进性。这主要是管理理念存在的滞后性导致的，企业不能科学开展财会工作，制约了财务工作的先进性。大数据能改变传统管理思维，促使财务人员可以对财务数据以及信息进行科学处理，提升财务会计的转型速度。通过强化财务分析的整体能力，能对各项数据进行科学处理，对企业资金实施统筹性的管理，更好地控制企业发展。此外，企业也需要宣传大数据转型发展的观念，积极转变传统的财务思想，以此加快财务会计转型过渡的步伐。

三、大数据时代会计发展趋势及影响

大数据对财务会计工作提出转型发展的要求，企业应该科学制定发展策略，加快财会工作的转型发展，增加企业整体的发展与竞争能力。

通过对大数据的发展进行分析，探究企业实施财会转型的内容，本节认为受到大数据发展的影响，财务会计必须要改变传统的工作模式以及思路，重视对专业技能以及职业道德等知识的学习，以便开展更高层面的财会工作。信息化处理是未来企业实施高水准财会工作的标志，也是提升企业对财会信息利用能力的途径。大数据的出现将加快财会工作的转型，也为企业的现代化发展提供动力，各行业应该认知到该发展趋势。只有科学认知该发展趋势，管理层以及财务人员才能实施更科学的分析以及管理工作，提升财务管理的科学性。

传统财务工作思路已经不能满足大数据时代提出的发展需求，也不能给企业财会工作的创新发展提供助力。为此，企业管理者应该掌握到大数据对企业以及财务工作提出的各项要求，重视对现代化财会人员的培养，企业应该更新管理理念，重视财务岗位的精准性，关注财会人员在岗位工作中体现的效率。同时，财务人员需要掌握到时代发展对专业人才提出的转型要求，积极提升自身的专业能力，能对企业财务数据进行精细化的处理，科学分析企业可能会出现的财务风险，增加企业整体的竞争实力。此外，企业应该重视对财务人员进行专业技能等能力的培养，增加财务人员对大数据发展以及财务转型的认知，逐步提升企业财务工作的有效性。

财务工作应该顺应时代发展的潮流，立足时代进步更新工作模式。所以，企业在实施财会工作时，应该积极思考怎样提升财务工作的创新性，更好地开展财务数据分析工作，掌握企业整体的发展态势。在进行岗位人员招聘的时候，企业需关注财务人员的专业技能以及职业素养，强化财会队伍组建的先进性。具体说，招聘财务人员的过程中，应该关注应聘人员的学历、工作经验、对财务工作转型的理解、道德素养以及操作能力的内容，从优录取高素质的财务人员。

受到大数据的发展影响，财务人员需要积极改变观念，思考岗位对自身提出的要求，重视提升自己的专业技能，努力提升自己对财务软件的使用能力，更好地满足财务岗位对专业人才的能力要求。此外，财务会计的转型发展虽然给企业的发展提出诸多的发展要求，但是给财会工作的发展提供更多的动力。如果企业能根据大数据提出的转型要求开展创新性的财务工作，就能提升财会工作的先进性，也能对财会数据实施精细化的处理，更客观且全面分析企业发展情况，科学预测可能出现的财务风险。

财务人员也应该努力强化自身的专业技能，对先进的财务知识进行学习，积极转变工作理念，提升自身对财务软件的运用能力，以便实施更高层面财务工作。财务人员也需要对财务数据进行深层面的思考，立足财务数据分析企业可能遇到的发展风险，以此制定科学的管理对策，帮助企业实现更稳定的发展。

第八章 大数据时代会计的发展研究

第一节 大数据会计与财务信息相关性

随着时代的发展以及社会经济水平的不断进步，大数据时代已经悄然来临，此时，各个企业所面临的市场竞争也越来越激烈，此时想要在越来越白热化的市场竞争中获得一席之地，就必须就现有的企业经营信息，尤其是财务管理方面的信息管理工作质量以及水平加以提升，充分利用大数据技术的优势，为企业财务管理中的会计信息相关内容逻辑优化发挥促进效果。鉴于此，针对大数据会计与财务信息相关性这一内容进行深入分析具有重要现实意义。

在专业领域中，大数据属于一类行业术语，主要是指：无法在特定时间范围内使用常规软件工具完成捕捉、管理及处理的集合，只有不断更新传统模式，方可使大数据更具决策力和洞察力，进而形成海量、高效和多样的信息资产。在进行大数据技术分析时能够发现，其具备海量、高速、多样、低价值密度和真实性等特征，同时该项技术在多个行业以及领域中发挥着重要的价值，充分对社会生产以及国民生活产生重大影响。

一、大数据会计的数据选择与结构探究

（一）思维性的转换有利于针对传统的定性类信息数据加以补充

在人类发展的历史中，传统的因果导向思维模式已经沿用千年，但随着时代的发展与进步，大数据时代的来临，传统的因果导向思维模式面临着即将更改的现实处境。大数据带有的非系统、非结构、碎片形式的数据呈现于每一个人眼前，导致传统的因果思维陷入应用无用武之地境况中，而该项技术应用所持有的高速、多样及大量性特征，也在极大程度上为人们传递了超多的信息内容，促使人们在新式信息传递下，形成一种新的思维模式。

在大数据时代中，对于企业的财务管理工作开展而言，大数据应用所呈现的数据信息内容，无法满足企业经营期间更为完整性的经营过程，如果企业财务经营中过分依赖大数据信息的使用，将会导致企业在经营期间的财务完整性价值丧失。相反，企业在经营中将

大数据所涉及的相关碎片化信息加以处理和适当性补充，作为完整信息的辅助添加信息，将能够进一步将企业的经营价值展现和凸显出来。在以往传统的会计实务处理工作流程推进过程中，通常以货币作为财务主要计量单位，出现此结果主要受到两方面因素影响：①货币计量通常用于针对定性描述的数据信息加以反馈；②在定性描述的数据信息呈现上，均与相关性关系推衍具有关联性，其形成的结果所带有的随机性较高，且在结果的精准性定位方面，并不如因果导向思维精准。对于上述两种情况的出现进行更具深入性的考量能够发现，传统会计之所以会将定量数据内容应用于财务核算，并借此核算结果作为企业相关信息的总结方法，主要原因在于其受到了时代发展的局限性影响。但与此不同，在大数据时代中，非结构化、碎片形式的会计信息数据，将不会再受到来自因果分析框架的束缚，而是可以直接借助于整体或是大样本量针对企业会计数据内容进行各个内容之间的相关性分析，从而提升传统因果性思维分析下的成效和精准性。换言之，传统的会计数据信息所囊括的货币计量定量描述在数据的采集和利用方面并不充分，而大数据会计的运用，能够进一步针对传统会计的数据不足问题加以补充和弥补。

（二）利用碎片式或非结构化数据补充传统会计构成中的逻辑分析内容

通常情况下，碎片式或是非结构化的数据内容，很难利用传统的二维数据库加以统计和呈现，例如视频信息或是图片信息等，而大数据时代之下，充分将二维数据库信息管理方面存在的不足加以补充完善，但此间仍需注意，并不代表所有碎片式或非结构化数据均能够纳入传统会计数据体系中用于企业财务管理。在具体的可纳入数据分析时发现，当数据本身具备一定的数据密度且带有一定价值类数据方可囊括于传统会计数据体系中，且此类数据融入道大数据分析时，能够进一步针对信息的干扰性加以降低，从而更好、更真实地将事件影射现象反映出来，最终提升会计信息的处理质量。此外，碎片式或非结构化的大数据信息还具备一定的中立性特征，其能够居于客观层面针对企业的财务信息所反馈出的真实事件或是现象加以呈现和表达，有效避免由于人为主观表达所产生的主观思维误解情况出现，避免影响企业财务信息管理的偏差类问题产生。由此可见，在传统会计数据体系中，将碎片式或非结构化数据纳入其中提升大数据会计管理水平，优化财务信息质量，必须确保该类数据在本质上的客观性和中立性。

（三）大数据时代下会计数据体系结构探究

在进行大数据时代下会计数据体系结构的分析时，可以从以几方面着手展开：①在传统会计财务信息管理期间，能够真实且可靠地将经济业务的本质加以反映，而碎片式或非结构化的间接数据并不具备此功能，此结果的出现，在很大程度上与传统结构化的数据计量、确认和报告环节中严格依据会计准则类相关法律规定内容执行具有一定关联性，以某一经济业务的相关单据处理期间，需要经历稽核、复核、审核以及经手人员签字等流程，而此类流程的按序推进，能够更具真实性地将经济业务事项加以揭露和呈现。②与传统的会计数据信息处理中的直接结构数据信息法相比，全新的大数据会计法应用后，能够利用碎片式或非结构化的间接式数据内容，充分实现提升与企业价值关联的高度，并且在信息的独立性上相对更高，促使企业经济业务本质可靠性的反映在现代会计树体系的构建下更加真实，同时对于会计信息在质量层面的提升也起到助推效果。

通过对上述两种分析内容的展开能够发现，传统的会计数据以及大数据会计体系对于信息的真实可靠性要求均较高，在此认知基础上，充分在现代会计数据信息体系中将碎片式或非结构化的财务信息数据纳入其中，对于企业财务管控以及会计实务处理方面的质量提升具有重要促进作用。但是，此种管理方法在成本投入方面的支出较高，此种因素会在一定程度限制大数据会计数据信息体系的全面推广速度，有待后续的不间断发展和执行方能得以实现。

三、大数据会计下企业价值与财务信息相关性构建

在传统会计数据体系构成中，企业价值在很大程度上会受到该体系中的不同种类以货币计量可量化的结构化数据影响，借此实现对当前企业经营中的各项经济业务活动加以核算和价值反馈。但是，其中的非结构化或是碎片化的数据属性均为间接性数据，即便其与企业价值相关度较高，但也无法直接利用其作为企业价值呈现的直接性条件。此时，部分企业在进行未来现金净流量的现值和企业价值的评估时，却忽视企业所开展的会计核算，仅是针对以往账面价值所呈现的历史现金流量的呈现，造成评估的结果与企业目前的账面价值并不等同。在这一基础上，利用大数据会计进行企业财务信息相关性构建时，一定要将企业经营过程中直接、间接或潜在的现金流量充分与企业历史现金流之间构建起关联性，期间重点针对企业未来直接、间接、潜在的现金流进行计算具体而而言，可借助以下公式进行计算：

企业现实账面价值 t＝投资活动现金流 t＋经营活动（生产销售）现金流 t＋筹资活动活动现金流 t（①）

企业价值 t＝企业现时账面价值 t＋企业潜在价值（企业未来现金流）t（②）

通过对公式①和②进行分析能够得出，企业未来经营发展期间直接、间接、潜在所带来的现金流价值，从而得出公式③：

账面价值 t＝企业价值 t−1＝账面价值 t−1＋企业潜在价值（未来现金流）t−1＊转化效率（（3））

在该效率的有效转化下，能够进一步针对自变量 x_n 的函数 U（x_1，x_2，...x_n）加以表示。但是，在现实的企业财务会计信息管理中，能够针对企业数据信息函数加以转换的结果呈现产生影响的因素十分多，所以企业在进行大数据会计与财务信息相关性构建时，还需将诸如企业客户、消费者群众等因素对于企业当前经营活动执行的效果评价同样作为

重点考察因素，借此强化大数据会计与财务信息之间的相关性，最终提升企业财务管理质量和水平。

通过对全文内容进行综合分析能够得出，虽然目前企业财务管理工作在水平以及技术运用方面均较传统的管理效果有所提升，但是在企业价值与非结构化或碎片化的数据相关联系构建仍旧存在不足，导致企业的财务管理过于单一化，影响企业财务管理工作开展的全面性。此外，将企业财务信息与大数据会计进行有效的结合，也能够进一步促进企业财务管理人员加强对于财务信息相关性的了解和掌握，从而更好地帮助企业财务管理水平提升起到促进效果，最终为企业提升市场竞争实力奠定基础。

第二节　大数据时代下"实时会计+智能财务"

随着数字化时代的到来，各行各业纷纷加入大数据化的浪潮，运用技术变革不断优化工作流程，提高经营效率。对于财务工作而言，传统的财务会计模式不复适用。大数据时代不仅要求传统的手工记账模式向云计算、物联网模式转变，更要求由财务会计逐渐向管理会计过渡，通过智能财务加速业财融合，最终达到财务转型目的。

一、大数据时代下的财务变革

从 20 世纪 90 年代最基本的财务会计，升级至 2013 年财务共享服务和企业司库，再发展到 2017 年的全面管理会计，以及至今不断研发的人工智能，企业财务管理发展路径持续优化。这一切都离不开数字化时代的技术变革——大智移云物链。"大智移云物链"分别指大数据、人工智能、移动互联网、云计算、物联网以及区块链。该技术旨在以小数据集为基础，通过利益相关者的在线互联，运用信息技术加工各类原始数据，使其成为一个有机的大数据库。借助此项技术，财务部门能够更有效地进行成本分析、预算控制以及财务管理，从而帮助企业管理、分析、决策和创新。

二、财务转型路径

财务转型主要由实时会计和智能财务完成。具体来看，实时会计主要指财务共享服务，从事项库到凭证、到账簿、到财务报表、到数据分析再到报送，所有流程一气呵成并实时更新。智能财务主要指财务机器人。财务机器人、财务共享和财务转型三者构成"点——线——面"的关系。其中，财务转型是"面"，指企业财务部在财务战略、组织结构、职能定位、操作流程、人力资源和信息技术等方面的全方位转变，构成企业在提高自身竞争力的过程中不可或缺的组成部分。为保证面的有机性及完整性，需着首先和点的构建。

（一）实时会计之财务服务共享——"线"的组建

财务共享指以信息技术为依托，在财务业务流程处理的基础之上，对组织结构、工作流程及管理效率进行优化，以降低运营成本和创造服务价值为目的，将不同地域和法人、但在同一时间范围内的会计业务统统拿到同一平台统一报账、核算和报告，进而保证会计记录和报告具有规范的标准和统一的结构。

财务共享服务的具体做法是以电子会计档案为基础，将数据采集、处理和应用的责任清晰区分并归属到三类不同组织。首先，发生业务部门经过业财系统间建立的接口直接报账，源数据的质量责任则直接归属该部门。其次，待数据采集与录入成功后，结算收入、核算与复算、过账及生成凭证等交易处理可直接在财务共享服务中心执行，财务共享服务中心记账、审核后形成定制财务报告，并对其财务数据的质量负责。最后，高附加值的财务活动（如决策分析和绩效管理等）保留给各机构，财务管理人员可调动财务共享服务中心提供的数据，并对其分析结论负责。

（二）实时会计之业财一体化——"线"的优化

为了实现物流、信息流、资金流一体化，保证财务更新速度赶上业务发生速度，由核算会计向业务会计转变势在必行。在传统的核算会计下，业务和财务被割离，业务人员专注于采购、销售、库存管理等日常业务，而财务人员工作局限于数据汇总、凭证录入、报表编制，二者之间少有联系。但是在业财融合的大环境下，业务活动反映财务信息，财务管理体现业务工作的有效性，二者相辅相成。财务人员在充分了解业务活动的条件下不仅能帮助企业做好事后核算监督，且能进行事前预测、事中控制，从而使预算合理，成本降低，最终使企业整体运营效率得到质的飞跃。

（三）智能财务之智能财务机器人——"点"的构建

要实现财务共享服务和业财一体化必须实现机器人流程自动化（RPA）。由于二者都拥有大量明确规则的标准化流程，财务机器人可以大展身手，并帮助财务人员从重复、烦琐的工作中解脱出来，从事更具价值的指导性工作。如此不仅能保证业务和财务的顺利融合，还能大幅度提高财务共享服务中心工作的效率和质量，从而有力推动企业财务转型。

这里所说的财务机器人并不是实体机器人，它不以语言理解和交互作为主要目的。RPA是一个工作桌面，是以计算机操作系统为基础，能自动识别用户界面和高效完成重复性工作的机器人。RPA既能独立工作，又能和人交互工作，使人能在关键环节集中注意力，简称智能辅助。RPA的关键点乃是无须系统改造融合，而直接用人机界面进行业务和数据处理，属于低成本高回报之自动化技术。在可预见的未来，RPA将同人类携手，串联业务流程，并通过模拟、学习人类行为，实现智能认知和智能决策。

如今，四大会计师事务所均推出了财务机器人。德勤的财务机器具有以下明显优势，分别是代替财务流程中的手工工作部分、进行各自动化财务流程管控、信息录入、数据合并、统计汇总及根据既定业务逻辑以判断并识别财务路径的优缺点；普华永道的财务机器人在现有的 RPA 技术的基础上更加注重规则的自动化；安永的智能财务机器人继续探索并落实了新一代 RPA，旨在帮助企业避免"空壳效应"，向全面流程自动化前进；毕马威作为四大会计师事务所最后提供 RPA 服务的企业，更加注重运用数字化劳动力降低企业成本。

三、财务转型的典范——德勤

2016 年 3 月，德勤宣布与 Kira systems 达成合作协议。2017 年 10 月，随着德勤财务机器人"小勤人"的问世，德勤成为四大首个拥有财务机器人的会计师事务所。德勤财务机器人可进行如下系列操作：费用报销、发票开具、采购付款、订单收款、固定资产管理、存货成本计量、纳税申报、预算管理、档案管理、银企对账以及报表出具等。

以发票开具为例，传统工作流程需 15 分钟，而"小勤人"运用后每张发票的开具减少至 3 分钟。再如收入确认、成本结转和月末结账，"小勤人"在 5 分钟内可完成一名熟练成本会计师 40 分钟才能完成的工作。在税务计算方面，财务机器人发挥的作用更为明显：由于纳税主体繁多，税收申报数据来源不同，财务人员难以在短时间内准确识别增值税发票真伪，并进行税收计算、纳税申报。财务工作者仅需将发票放入"小勤人"扫描仪中，剩余工作 OCR 技术和 Insight Tax Cloud 发票查验助手在 1 分钟之内即可完成。

"小勤人"的问世犹如一场革命，许多悲观主义者认为财务机器人是会计人的终结者。然而随着财务机器人的广泛运用，我们发现财务机器人确实替代了部分基础工作，却极大地提高了组织运行效率，也敦促会计人员逐渐向高价值的决策型人员转变。简言之，财务机器人实际是新会计人的帮扶者和开拓者。

四、财务转型的影响

（一）对组织的影响

由于 RPA 广泛应用，首先企业的组织结构将进行大的变革，财务组织中会出现两个新团队，分别是机器人流程处理团队和例外事项处理团队。前者主要负责财务机器人日常的运营和维护，包括把控数据源质量、调度相关信息、稳定运行环境、定期测试内控等。由于财务机器人只能承担程序确定的标准化工作，一些较为复杂，需人为判断的例外事项则需后者处理。此外，例外事项处理团队还需对财务机器人生成的报告进行定性分析，使报告直接服务于治理层的决策。

其次，企业的人员构成也将有大转变。在 RPA 被广泛应用前，企业需大量核算型财务人员进行数据收集、凭证填制、单据审核及报表录入等基础、重复性的工作，且一环出错，环环出错。整个财务人员的构成就好比金字塔，底端的基础核算型工作人员过于饱和，而顶端的具有全局观的决策型人员极为稀缺，这就直接导致企业难以集中力量发展具有高附加值的业务。RPA 的出现缓解了这一尴尬局面，因为财务机器人可以根据编制好的程序和脚本运行，所有基于规则的标准化工作都可以由其代为操作，这样不仅可以极大地降低人工错误、提高工作效率，也可以将大部分财务人员从重复、枯燥的工作中解放出来。如此，企业可以将重心投入到流程优化、风险管理、数据分析等有利于企业持续发展的高附加值活动中。

（二）对个人的影响

1. 对财务人员的会计素养提出更高要求

如今企业对核算型财务人员的需求逐渐减少，对业务型财务人员需求与日俱增，这意味着"金字塔型"的人员结构将逐渐朝"橄榄型"转变。财会人员若想不被时代淘汰，则必须不断学习新知识，了解新政策，提高业务能力，从而通过运用所学专业来判断和分析数据、做出正确决策。

2. 要求财务人员知信息、懂技术

随着大数据时代的来临以及 RPA 的广泛应用，企业越来越青睐于擅长信息技术的财务人员。在计算机与信息系统如此重要的今天，一旦系统出错、瘫痪，整个企业都有可能陷入混乱，因此企业需要这类人才保证信息系统的运营、维护及持续更新。

3. 要求财务人员具有深刻的洞察力和卓越的战略远见

机器人使得一部分财务人员能够腾出时间和精力。为使这部分人员实现从价值守护者到价值创造者的转变，企业希望该类群体能具备全局观，不断推陈出新，将目光锁定在新客户、新产品、新模式、新方向以及新应用上。如此不断深入价值链，方能为企业创造价值的同时也实现财务人员的自我价值。

随着科技日新月异的进步，会计信息系统将朝着实时化、及时化、简洁化、开放化、智能化的方向不断向前发展。企业若想在竞争日益激烈的今天站稳脚跟，必定需要跟上时代不断前进的步伐，拥抱新技术革命，加快财务转型的速度。与此同时，企业还需具备创新意识与危机意识，不断研发新技术、新系统，进一步简化基础财务工作，将重心放在发展与革新上。于财务人员而言，局限于基础的财务核算工作迟早被时代淘汰。财务工作者需不断学习新知识、新技术，培养大局意识，做到能基于财务数据为企业提供有价值的决策意见。不论是企业还是个人，唯有不断探索转型路径，求新求变，方能紧紧拥抱时代，立于不败之地，并不断发展壮大。

第三节　互联网大数据对会计的影响

当前大数据正在转变着传统财务会计管理方式，财务会计管理工作必须有效应对财务登记、财务审核、财务档案的信息化，这样才能满足企业的发展需要。

一、互联网大数据时代对会计影响

（一）对财务数据来源影响

互联网大数据时代意味着海量的数据信息，意味着财务会计工作对各种类型的数据信息都给予有效全面的关注。由于财务数据信息来源更加复杂，财务会计关注的信息也更加多样。首先，要求财务会计数据来源要有高度的相关性，要保证提供大量有效财务信息，支撑财会会计工作的顺利开展。其次，要加强会计数据信息的精准性，更强调提高数据信息的使用效果，着力围绕着丰富的数据信息加工出有价值的财务管理意见。第三，随着财务数据量的增加，意味着财务数据处理难度与工作量的加大，只有反复的检查财务数据信息，才能有效的减少数据的系统偏差，因此也意味着财务会计人员要花费大量的精力在数据信息审查上。

（二）对财务计量准确性影响

财务会计工作是保证公允计量的重要手段，只有财务信息能够客观的反映企业财务经营工作的状况，才能为相关的经营管理工作提供必要的依据。在大数据时代数据的发布与更新变得异常迅速，大量数据一方面提高了公允财务管理的准确性与透明性，从而提高了财务会计工作的总体上的可靠性和科学性，另一方面也要求企业财务会计以更规范的手段进行财务管理工作，实现对财务数据信息负责，意味着强化财务会计工作的责任，要求财务会计提高信息质量，及时发布相关数据信息，这样才能满足上下游企业与客户需求，切实满足社会对企业的现实财务管理需要。

（三）对会计目标定位影响

随着大数据时代的来临，财务会计工作也不仅仅局限在保证财务工作记账准确方面，而且要求会计人员充分挖掘会计信息价值，要注重使用多样化、个性化的方式来满足会计工作的现实需求，要根据不同使用者的需求提供有效的财务会计信息支持，注重及时的筛选相关的数据信息，保证满足企业各种经营工作需求，全面挖掘使用财务数据信息。

二、互联网大数据时代对会计要求

（一）关注各类数据信息

大数据对财务管理工作的影响是无法估量的，大数据不仅为反映企业经营情况提供了条件，而且大数据还会成为企业发展的重要优势条件。企业会计部门作为直接产生与收集数据信息的部门，应当发挥出一手数据资料的重要价值。首先，企业财务人员应当熟悉各种类型的数据信息，能够快捷的从众多数据信息中筛选出有价值信息，注重理清各类数据信息的价值，通过信息来反映出企业经营管理的实际状况。其次，要求财务管理人员不仅要有财务管理知识，而且还要求财务管理人员能够掌握企业基本情况，能够充分挖掘企业经营过程中的各种信息，实现对各种数据的合理分配归纳，以控制成本的角度来发挥出各类数据信息的价值。

（二）提高处理特殊数据能力

随着数据信息技术的快速发展，不仅在企业生产经营过程中产生大量结构化的数据信息，而且还会在新理的数据类型与网络技术的支撑下产生大量非结构化数据和特殊类型数据，这些数据信息在财务会计工作中也能产生价值，因此会计人员只有熟悉相关操作软件，掌握非结构化数据的操作能力，才能有效的应对大数据时代特征，切实把各种数据信息应用到企业发展中去。财务会计人员只有具备从海量数据信息中挖掘数据的能力，才能更好的适应大数据时代特征，切实满足数据挖掘使用的需求。

（三）满足使用者个性化需求

会计工作主要为企业发展经营提供服务。会计工作是为企业经营提供决策信息的重要辅助载体。特别是在面临日益激烈竞争的市场环境下，为了提高企业经营管理的科学性与适用性，财务管理者就必须关注企业经营决策方面的变化，能够根据财务管理工作目标的变化科学的使用大数据手段，逐步的促进财务管理手段方式的转变，注以多元化和复杂化的方式来处理数据信息，这样才能根据企业发展的多样化需求发挥数据信息的实际价值。

（四）转变传统财务会计工作模式

在大数据时代要求财务会计重新审视财务会计工作，要求有效应对传统财务会计工作中的问题。首先，要提高信息披露质量，提高会计信息披露的针对性，不仅要反映各种显性指标，而且要反映各种隐性数据指标。要改变以往财务会计工作缺乏预见性问题。其次，借助会计信息提高预算管理准确性，要树立时间价值理念，注重加强事前与事中管理，强化提高会计预算的弹性空间，有效减少以往财务会计工作误差较大问题。第三，针对大数据时代背景健全相关的会计管理工作制度，要实现会计职责权限的效分理，实现对各会计部门职能的全面引导。

三、互联网大数据时代会计改进策略

（一）完善财务会计工作制度

当前针对大数据时代出现的一系列的新变化，应当完善财务会计管理工作制度，着力根据新时代的要求，在财务会计工作制度方面进行全面的更新，不断适应内外部环境的变化，解决解决财务会计工作的实际问题。首先，会计工作必须应对时代背景，着力按照新时代的要求更新传统财务会计工作制度，其次，提高财务会计工作操作标准的规范性与简便性，注重运用信息化的方式加强财会会计管理，通过信息化途径来简化各种操作，达到财务会计管理规范化基础上的全面创新发展。

（二）树立以人为本的理念

大数据技术正在转变传统的财务管理工作方式，不仅财务会计工作的方式日益创新，而且大数据技术要求财务会计的职业能力水平与信息技术水平。因此，只有根据财务会计人员的实际情况全面发挥财务会计人员的主观能动性，才能创新性的提高会计工作生产力，发挥出财务会计人员的价值。首先，财务会计人员应当向企业生产经营的一线倾斜，使财务人员参与到企业经营活动当中，不断积累财务人员的企业经营知识。其次，财务人员必须打破部门界限，注重财务人员深入到各业务部门和中间环节，切实将业务信息转变为有价值的财务数据信息。第三，实现财务管理信息技术的升级，着力提高财务人员收集处理信息的能力。

大数据实现了企业财务会计工作的全面创新，财务会计管理工作正在向着专业化、系统化、科学化的方向发展，只有不断提高会计人员会计信息处理能力，才能满足大数据时代对财务会计工作的新要求。

第四节　大数据时代财务会计与管理会计

"大数据"是 IT 行业近年来进行数据分析的新模式，各个行业对大数据分析的依赖与日俱增。大数据（big data），是指通过收集据大规模的数据，在合理时间内通过管理、分析并最终整理成对数据使用者有用的资讯，从而帮助相关企业做出更有利于自己的发展规划。在财务管理工作中，通过大数据分析和比对，可以使财务管理发挥应有的作用。在传统的财务管理下工作效率比较低下，而云数据的发展使数据的共享更加便捷。在全球化日益发展的今天，财务工作要想与时俱进，会计转型显得尤为迫切。

一、财务会计与管理会计的概念

作为会计概念的两个分支，二者有很多共同的观点和紧密的联系，同时又各具特点，各有侧重。第一，财务会计一直被当作单位一项重要的基础性工作，通过对运行完成的经济活动及资金往来进行核算，为企业信息的外部使用者提供相关资讯，以便他们能够更好地了解企业的整体财务状况和经济运行情况，这些信息的外部使用者包括投资者、债权人以及政府监督部门等。在企业开展涉及资金往来的业务时，有必要通过财务会计的核算及监督功能，通过计算各项指标表，反应资金的使用情况及使用效率。财务会计可以使企业利益相关人对整个单位的经济状况及发展前景了然于胸。财务报表作为财务会计的一部分，可以反映单位的运行状况及未来发展方向，同时揭示单位运行在存在的一些问题。通过挖掘隐形问题，从而制定出适合单位发展的方针及策略，加快单位前进的步伐。第二，管理会计也叫"分析报告会计"，是从传统的会计系统中独立出来并逐步发展成为一个会计分支，更加注重为企业制定未来发展规划，改良管理模式，展望发展前景。管理会计需要为管理部门制定计划、反馈业务活动情况、分析经营成果，并将管理信息以报告的形式呈报给相关人，直接参与单位决策。管理会计主要是服务于企业内部管理，目的是通过加强单位内部的财务管理，使管理者能够更好地对未来发展制定规划。在单位的发展过程中，提高效率是保持竞争力的保证，强化内部管理，可以使单位不断适应技术进步带来的社会变革，在发展过程中保持竞争力。

二、财务会计向管理会计转型的必然性

在单位发展的过程中，财务工作直接影响到单位的整体运行情况。传统的财务会计工作仅包括最基础的核算内容，即将账务中的多项数据进行收集、汇总等，形成资产负债表、利润表、现金流量表等各种报表以及各项指标数值；在管理会计中，会计工作是将汇总好的财务数据进行分析，在财务会计所完成工作的基础上对数据进一步分析处理，最终形成分析报告。财务会计关注的重点在于数据的精准性；管理会计关注的重点在于通过加强单位内控管理，进一步控制成本。在大数据的时代下，财务会计的局限性逐渐凸显出来，首先会计中数据收集的方式方法有了革命性的改变，财务会计需要改变自身处理会计数据的形式，将有价值的信息挖掘出来，以此适应大数据的潮流。对单位发展具有重要作用的数据需要进一步整合，以此提高单位的运行效率。对传统财务会计而言这些是无法进行实现的，但在大数据时代下这些都可能成为现实。

从客观上来说，大数据时代下的大数据分析为财务会计向管理会计转型奠定了技术基础。大数据包含有大量的财务管理方面的信息，同时具备运行质量高、速度快，定位准确

等特点，相较于传统的运算方式，大数据分析的处理方法更加精确、有效，运行速度更快，提高了财务管理工作的效率。大数据特有的优势暴露了传统财务会计的短缺，放大了传统会计自身的局限性，这在客观上要求财务会计向管理会计转型。

从主观层面上来讲，为了能够使单位保持长久的竞争力，财务会计需要向管理会计转型以适应大数据时代的发展。财务会计主要是通过收集单位运行数据，反应单位的经营状况和收益水平等。相对而言管理会计关注的层面在于单位管理层及决策层，重点强调对单位运行的控制，找出运行中存在的问题，为单位战略发展及长远发展提供数据支持。通过对比财务会计和管理会计不难发现，管理会计关注的层面更为高级，能够给单位决策层面带来的影响。随着经济生活中大数据应用越来越广泛，财务会计向管理会计转型也是必然趋势。

三、财务会计向管理会计转型的措施

（一）转变财务管理观念

单位在进行财务会计过程中，往往忽略财务人员所起到的作用，认为财务会计工作仅仅是简单的报销、录凭证、汇总数据，致使现行财务工作难以达到管理会计"管理型"、"战略型"、"决策型"的要求。在这种重业务轻管理理念的影响下，财务人员的创造价值不能够得到充分的发掘，可见在大数据时代下，单位管理人员尤其是领导阶层必须在日常工作中逐步转变财务管理理念：首先要转变财务管理观念，重视财务管理工作，提高财务管理在整体工作中所起的作用，建立健全相关制度，明确内控机制；其次要更加突出财务战略在企业中的地位，把绩效考核与财务战略的推进结合起来，通过财务战略的实施推动战略目标的实现；另外还要加大对财务人员的培训力度，提高整体财务人员的水平，尤其是数据的分析能力及风险意识，这样才能在大数据时代更好地开展财务工作。

（二）提升财务管理人员的职业素养

在大数据时代的影响下，财务会计的变化日益明显，日常工作有了很大改变，因此需要以适应大数据为目的，不断提高财务工作者的基本素质和专业水平，只有这样才能做好单位的优化管理工作。但在目前的工作中，很多单位的财务会计仍然将自己的工作定位于传统的工作模式中，将大部分精力放在报销、对账、记账等内容上，难以满足现实发展中对于财务管理人员的职业素养的要求。为了改变这种现状，就要求管理者认识到提高财务人员职业素质和专业水平的重要性，切实做好会计培训与教育工作，组织财务专业技术人员积极参加相关培训及业务考核，实现提升财务人员职业素养的目标。第一，要做好财务人员思想上的教育工作。借助思想观念的教育与培训，使其认识到应该根据单位的整体战略安排部署财务工作，不但要考虑财务方面的问题，还应注意非财务方面的影响。第二，要以提高财务人员整体素质和专业水平为目的展开培训工作。根据日常工作中的分工与考核，分析财务相关人员的优势与劣势、特长及不足，有针对性地开展培训工作，结合财务专业知识、计算机操作、网络知识等涉及大数据的内容，确保财务人员能够胜任财务会计向管理会计转型后的工作。第三，完善考核机制。通过将培训成果与职工切身利益结合起来，从而提高培训的效果。每次培训结束都要对培训结果进行考核，结合单位的激励机制，将考核的结果作为绩效考核的重要内容。

（三）重视大数据的处理

在单位各方面都已做好财务会计向管理会计过渡的准备以后，应进一步注重和利用大数据的处理。在财务工作中合理地应用大数据技术对收集的财务数据及非财务数据进行统一的对比分析后，可以使单位得到更多信息，更准确地把握经济发展地动向，从而提前制定发展战略，在经济浪潮中占据有利地位。

综上所述，在大数据时代已经来临，企业财务管理水平也得到大幅提升，财务会计正逐步向管理会计过渡。在此背景下，财务工作对财务人员的要求也越来越高，财务人员应不断提高自身业务素质及管理水平，顺应时代发展，更好地完成自我转型。

第五节　大数据时代会计信息化发展风险

大数据的发展，在推动财务会计发展的同时，也为该行业工作的进展带来了诸多的风险。例如，某些企业面临严重的财务数据泄露问题，由于服务器的脱机可能导致数据缺失；也有某些传统会计人员并不能很好的适应大数据环境下的工作模式，工作效率较低。然而，也有许多企业灵活运用大数据技术改进现有的会计工作。例如，华为、步步高等大型民营企业先后引进了大数据财务信息软件，利用 VBA、数据库进行财务会计数据的处理；中信、中粮等大型国企也利用大数据技术对传统的会计工作流程进行改革，提升了财务工作效率。

一、大数据时代会计信息化发展风险

（一）在职工作人员技能缺失

一方面，许多企业的财务部门员工年龄偏大，而4，50岁以上的会计员工不愿意学习新的计算机知识，习惯于采用人工核算的方式进行会计工作，因此，许多企业的会计部门无法跟上企业发展的节奏与步伐，不能高效率的处理财务数据。另一方面，也有部分公司不能够为在职员工提供可靠的培训计划，导致员工逐渐与新的技术以及理论脱节，企业数据量增长、处理财务数据的流程优化，年长的财务会计工作人员不能顺利的使用软件协助日常工作，为企业的会计工作正常开展带来了诸多的不便，最终也会影响到企业的经营活动。

（二）财务数据失真风险增加

随着互联网技术的不断发展，数据泄露、数据失真的风险一直困扰着诸多的企业，财务数据关系到企业的发展命脉，如何降低财务数据泄露的风险值得企业进行深入的分析与思考。会计数据泄露以及失真的具体危害包括：对于个人而言，我们的隐私信息被曝光在网页上，不法分子利用个人身份、手机号信息作为登录手段，产生黑色交易，可能造成资金账户的损失；对于企业财务人员而言，财务会计信息的安全性也受到了巨大的创伤与考验，虚假的交易也会减少报告的精准性；对于企业自身而言，由于财务数据的失真，管理层对于企业的真实发展情况不能有精确的衡量，影响了决策的正确性。

（三）财务会计风险管理制度不够完善

大数据时代的到来推动了财务会计工作模式的更新，在此背景下，许多企业意识到传统的会计制度存在分工不明确、风险点不可控等问题，不利于后期的管理与优化。在传统的制度下，会面临计算错误结果、财务数据造假、难以兼顾到不同业务的细节等问题，制度的漏洞甚至可能为腐败问题提供了可乘之机。一方面，某些企业的层级过于僵硬，集权式的管理模式导致企业业务、财务、技术的沟通效率较低，不利于财务会计工作的数据化与信息化；另一方面，由于缺少全面的会计工作风险管理制度，对许多存在风险的环节并没有做好事前的控制与事中的管理，可能产生窃取涉密数据，弄虚作假，伪造财务报告的行为，进而损伤股东的权益。

（四）会计信息化标准和相关法规法律不完善

在没有大数据和互联网的社会当中，人们就已经依据相关的法律法规进行生活，如今的世界是一个信息化世界，更要依赖于统一的技术标准和法律法规的约束，所以财务会计管理的信息化你需要在相关的技术标准和法律法规下进行发展。如果技术标准和法律法规不能够完善，不能够应用在财务会计管理上，那么相关的财务会计管理部门会出现混乱，相关的技术推广会受到极大的约束。但是就目前来看，关于财务会计管理的技术标准还没有很完善，所以一些企业如果一旦出现关于财务会计管理方面的漏洞和问题，将会面临找不到合法手段来维护的境地，所以很多企业不愿意使用新型的会计技术。在以后的发展中，各大企业更需要完善自身的会计信息透明化技术，能够在发生问题的时候准确和及时的维护自己的自身利益。

二、大数据时代会计信息化对策分析

（一）强化会计在职人员的工作技能培训

一方面，企业应该为在职的会计人员提供针对性的计算机培训，包括 excel，spss，word 等常见的软件，讲解内容包括但不限于软件的安装与升级，数据库的数据操作，财务指标体系的建立与自动监控，成功的会计信息化运营管理案例等，帮助传统岗位上的员工树立大数据的会计工作思维，提高自己的职业能力。另一方面，企业也要重视现有的财务会计信息平台的更新以及维护，根据财务工作实际流程，设计财务工作系统，为工作人员提供良好的硬件设施支持。对于中小型的企业而言，可以积极寻求市场软件商的合作采用外包开发或者半外包开发的形式更新财务系统，再聘用专业的技术人员负责后期的升级优化。

（二）强化财务数据安全性管理

第一，对于企业而言，需要重视财务信息泄露问题，针对性的建立网络安全管理信息系统，对全公司的会计数据进行加密的保护，尤其限制员工的取数、看数权限。第二，对现有的网络数据的漏洞进行安全管理与修复，并设定相关岗位，以便及时发现数据系统中隐藏的风险与问题，例如随时删除木马病毒。第三，政府以及行业协会应该发挥领导作用，积极与运服务商合作，推出一整套具有高权限的数据安全信息系统，对网络犯罪，数据泄露等问题进行严格的打击与惩罚，为企业正常开展会计工作提供良好的环境保证。

（三）完善企业财务会计风险管理制度

第一，中小型的企业都可以学习中兴、步步高等大型企业，积极对现有的业务流程进行优化，删减不必要的环节，重组部门，提高企业资金的利用率，促进业务方与资金方的信息共享，实现财务系统的高效率运作。第二，根据在职员工的专业特色进行职位的重新规划，明确不同员工权利与责任，避免集权问题，同时通过惩罚与监督的条例，提高会计人员操作的规范性。第三，积极借鉴高科技公司的财务会计管理模式，建立基于大数据特征的会计工作管理框架，全面评估日常工作中可能面临的财务风险点，再根据具体的工作场景与职责进行精细化的划分。

（四）完善会计信息化系统标准和法律法规

企业在明确知道自身的缺点以后要及时的完善会计信息化系统的标准和法律法规，这样能够借助技术标准和法律法规来约束财务信息化的建设工作，他保证会计信息化建设得到发展。目前我国对于财务信息化的技术标准和法律法规的建设没有任何的经验，所以政府在建设这些法规的同时也要要求相关的部门注重对于信息化法律体系的建设，除此之外，不能够对会计信息化的监管力度松懈，加强对其的监管，一旦出现问题就会及时的解决，能够保证资本和时间。

三、大数据时代对会计信息化的影响

大数据时代到来衍生出了互联网和物联网，全民都在进行线上活动，数据信息充斥着这个世界，人们要用自己的价值观来判断海量信息当中的正确的资源，随着时间的流逝，人们逐渐接受了信息化的生活方式，所以对被信息所充斥的世界称之为信息化时代。信息化时代给人们提供了便利的资源和生活条件，使人们在日常生活中变得非常的便捷，能够足不出户就可以与他人得到联系，网上购物也变得非常的便利，同时在工作方面也取得了巨大的进步。企业财务会计的信息化效率由于大数据的发展也在不断提高，企业的一些方面的发展能够利用大数据的帮助得到提升。会计的信息化是每一个企业非常重要的部分，能够控制企业的成本发展，也能够提高会计工作效率，相关部门会互联网和云端技术融合的会计企业当中，从而形成一个虚拟的会计网络，在工作方面或者是出现问题能够及时的和企业进行在线联系，能够充分的确保客户的自身利益和企业的效益，在一个方面提高了客户的便利性，也提高财务会计的管理水平。

信息时代，企业在日常运营中产生了大量的数据，只有不断完善财务会计风险管理制度，提高在职员工专业水平，才能高效率用信息技术，推动财务工作的开展，降低经营管理风险。

第九章　信息化背景下会计管理研究

第一节　信息化背景下会计管理存在的问题

　　网络经济时代的到来和发展改变了财务会计管理所处的环境，但是当前财务会计管理中还存在法律法规不健全、信息安全、会计软件更新缓慢、企业内部控制不完善、会计人员的专业素质低五方面的问题，本节针对这些问题提出了相应的改进措施，期望提高网络经济环境下企业财务会计管理水平。

　　网络经济时代的到来和发展改变了会计所处的外部环境，将世界各国通过互联网联系在一起，形成了一个统一的市场，实现了会计信息来源的多样化，提供了更加先进的管理方法和管理模型，提高了会计管理的科学性。而与此同时，网络经济时代的企业经营环节、业务流程和组织结构也发生了深刻的变化，重新形成了与网络经济环境相适应的会计报告、会计假设、会计确认及会计目标等理论。由此可知，网络经济和会计环境的变革必然将会形成新的财务会计管理模型，但是由于当前企业的财务会计管理仍然使用传统的管理方法，与网络经济不相适应，存在一定的问题，需要进行改进。

一、信息化背景下会计管理概述

　　随着计算机互联网技术的发展，网络经济时代背景下对企业的财务会计管理提出了更高的要求。首先，学术界的相关学者对会计目标进行研究，产生了受托责任论和决策有用论两个学派，受托责任论、决策有用论都是会计目标理论。受托责任论主张会计只能确认企业已经发生的经济事项，并突出损益表的重要性。而决策有用论主张确认已经发生的经济事项及未发生的对企业产生影响的经济事项，反映企业经济的动态变化，资产负债表、损益表和现金流量表并重。而网络经济时代的信息整合优势突出，对于信息的动态变化反应较为灵敏，因此在这种情况下，决策有用论的优势更加突出。其次，随着网络经济时代的到来，实现了企业财务管理系统的智能化和自动化，使企业的会计信息更加完整，增强了企业会计决策的正确率。最后，随着会计电算化、财务管理系统的应用，实现了会计单据的电子化，可以提高财务会计管理的时效性。

二、会计管理存在的问题

网络财务的法规制度还不健全。随着计算机互联网技术的发展，我国的企业财务会计管理与网络技术的结合越来越紧密，可以实现财务会计管理的智能化和系统化，降低了企业财务管理人员的工作量，提高了财务会计管理的效率，但是由于网络经济环境下财务会计管理的相关法律法规还不够健全，使得互联网环境下的财务管理的相关操作不受法律的约束，增加了企业财务会计管理的安全隐患。一是由于法律法规的约束力度不够，对于网络安全的保障力度较低，导致社会中存在很多网络计算类型的盗版软件，如果企业在财务会计管理过程中应用了这些软件将会造成无法估量的损失，一些不法分子趁机谋取利益，对财务会计管理的可持续发展产生了影响。二是我国对于财务会计管理没有出台相应的政策，开发的会计软件存在安全漏洞，受到木马和病毒的威胁，同时易受到黑客的攻击，使企业造成损失。

网络财务的安全性还有漏洞。一是会计信息的真实性、可靠性。网络财务会计管理环境下，会计信息的失真问题十分严重。虽然，网络环境下的信息传递实现了无纸化，可以避免人为造成的会计失真问题，但是电子账簿和电子凭证可以实现不留痕迹的任意篡改，而且篡改之后还不能使用传统的鉴章对凭证的有效性进行确认，也无法明确经济责任，导致在信息传递过程中，信息的发送方和接受方担心会计信息数据真实性、可靠性。二是财务会计信息的机密性。由于企业的财务数据属于商业机密，在网络环境下有可能被黑客攻击，被竞争对手非法截取或者是被篡改，病毒也会影响信息的安全性和真实性，此外，只要知道财务软件的用户名和密码，企业所有人都可以通过会计软件进行数据查看与修改，容易泄密，严重影响企业正常运营，给企业造成损失。三是计算机硬件的安全性。网络环境下的财务会计信息管理主要使用财务软件，实现信息的自动处理，但人为因素也会影响会计财务管理安全，如水灾或者火灾使计算机硬件系统崩盘、计算机被盗、档案的保管不善造成信息丢失或泄露等，这些都是应该关注的。

会计软件更新缓慢。网络经济时代需要财务会计管理系统软件不断进行更新和优化，完善软件的功能，以满足时代发展对财务会计管理的需求。虽然当前会计软件的功能不断完善，逐渐从核算型转换成管理型，但是专业性还存在一定的问题，系统更新较为缓慢，需要结合实际的财务会计管理需求开发相应的软件。

企业内部控制不完善。和传统的会计相比，网络环境下应用计算机对会计进行管理，具有高效、自动的特点，改变了企业的传统内部控制形式，将企业制度与会计软件结合在一起，但是由于会计软件在运行过程中一旦出现程序错误，可能会造成内部控制的紊乱或者失效，而现行的企业内部控制制度没有形成网络环境下的会计安全监督体系，内部控制制度落后于网络会计的发展，不能保证会计系统的安全。

会计人员的专业素质低。网络经济环境下的会计管理大大减少了工作人员的输入工作量，会计工作的重点在于分析和管理，需要复合型的会计管理人才，但是由于当前企业的会计工作人员对计算机不够精通，只是能够操作简单的财务管理软件，对于软件的日常故障排除、系统维护知之甚少，此外，会计从业人员工作能力侧重于会计账务处理，会计财务分析决策能力也相对欠缺，这就需要企业将会计财务管理与会计软件网络维护分割，增加了企业的人力投资。

三、信息化背景下会计管理的问题改进措施

加快法律法规建设。近年来随着计算机网络技术的发展，网络犯罪案件频发，给社会造成了不良影响和严重的经济损失，急需采取相应的措施改变这种现状，企业需要建立与之相配套的财务会计管理体系，政府部门也需要出台与之相适应的法律法规，推进相关的立法工作，这样才可以避免由于违规的信息泄露和经济活动给企业造成的损失。一是结合网络经济时代的需求，完善网络经济活动相关的法律法规，禁用盗版软件，政府部门加强软件安全漏洞的检测，提升网络环境下会计管理工作的科学性；二是进一步完善《会计法》，从法律层面加大对会计从业人员的约束力度，严惩存在的会计违规操作及网络作弊活动。

采取安全防范措施。网络经济时代的财务会计管理的信息安全受到威胁，企业需要特别重视这个问题，采取相应的措施。第一，加强会计输入信息的管理。网络环境下的大量会计业务交叉在一起，并且还存在共享数据库的情况，为了提高会计信息的真实性和准确性，需要在输入数据之前仔细核验相关数据，对同类凭证进行编号，职责分工，相互牵制，避免被篡改，确保输入数据的合法性，还可采用数据越界检测、平衡检测法、静态检验法等一系列方法及修改权限与修改痕迹控制等保证输入数据的正确性。第二，企业的ERP软件必须通过身份认证才可登录，分配每个财务人员的软件访问权限，确定员工职责，避免非财务人员登录对数据进行查看和修改。此外财务软件还需设置相应的提醒功能，一旦出现非法登录可提醒财务人员。第三，企业的内部网络系统设置防火墙、访问控制技术、数据加密技术、认证技术等，防止黑客的攻击，全面保护企业的财务会计信息。第四，为了防止计算机硬件设施损坏等造成的信息丢失，需要财务会计管理工作人员及时备份相应的财务数据信息。

加强会计工作人员的继续教育，大力培养复合型会计人才。由于企业的财务会计管理人员存在知识老旧的问题，不能满足网络经济时代的企业会计管理要求，对于国家出台的新的会计准则和制度不够了解，因此，需要加强会计工作人员的继续教育，大力培养复合型会计人才。继续教育主要包括会计从业人员的专业技能培训和职业道德教育两个方面，帮助他们夯实会计财务基础，及时掌握国家的新会计准则，掌握最新的财务软件应用技能、财务软件的维护及常见问题的处理，提高他们的会计电算化水平，培养复合型会计人才，提高财务管理和决策分析能力，更好地胜任会计核算和会计管理的相关工作。此外，

为了提高工作人员的学习积极性，还可设立奖惩制度，对于表现优异的员工给予晋升机会，优胜劣汰。

加强企业网络经济环境下的内部控制。网络经济环境下，企业的全部的会计核算和业务处理相关工作都可以在会计软件中完成，会计信息容易被删除或者篡改，此时内部控制除了交易控制还需会计软件的修改程序控制、软件权限控制及安全控制。一是加强数据和程序控制，避免会计信息的泄露、损毁和病毒侵染。二是在网络会计系统内设立监督和操作两个岗位，当操作人员进行账务处理的时候，监督人员的计算机同步记录相关数据，一旦提出质疑，可以进行信息查询，加强输出环节控制，确保会计结果的完整性和正确性。

积极开发财务会计软件。为了在网络经济环境下更好地完成财务会计管理工作，需要相关的技术人员根据企业财务会计管理的具体工作需求和需要，及时更新现有的财务会计管理软件，完善软件的功能，确保软件的实用性，同时考虑会计软件应用人员的计算机水平有限，尽可能延长财务软件的维护周期，为财务会计管理工作的开展提供支持。

随着网络技术的发展，互联网与各行各业的联系越来越紧密，推动了企业财务会计管理的国际化和标准化发展，同时也使财务会计管理的工作职能发生了变革，对企业的财务会计管理工作提出了新的要求，但是网络安全、与之配套的法律法规建设、企业内部控制等问题依然存在，需要进行相应的改进，克服各方面挑战与不足，为财务会计管理的持续发展提供条件。

第二节　信息化背景下会计管理面临的机遇

近年来，随着互联网技术的快速发展，各行各业开始重视和应用网络技术，以促进各项业务的高效发展。将互联网技术应用于财务会计管理，不但可促进工作效率的提升，同时也可促进管理水平的提升。网络经济时代的到来，在为财务会计管理带来机遇的同时，也提出了挑战。本节主要对财务会计管理在网络经济时代背景下所呈现的特性、机遇、挑战、改进等进行了分析研究。

目前，网络技术的快速发展，不但改变了人们的日常生活方式，同时，在各行各业发展中也发挥着极大的作用。互联网的应用，使人们的生活更加快捷和方便，同时工作效率也得以提升。在网络经济时代，各行各业为适应时代的发展，只有实现改革和创新，才能应对激烈的市场竞争。财务会计管理在网络经济时代背景下也发生着变化，网络经济为财务会计管理带来了机遇的同时，也面临着挑战，财务会计管理中的问题也凸现出来。因此，为适应网络经济时代的发展，必须抓住机遇，弥补不足，积极改革，促进财务会计管理水平的提升。

一、信息化背景下会计管理带来的机遇与挑战

网络经济时代为财务会计管理带来的机遇。网络经济时代的到来，改变了财务会计管理模式，利用互联网技术，使得财务会计管理逐渐向信息化发展，管理信息化大大提升了财务会计的工作效率，工作量也得以减少，在企业发展中发挥着重要的作用。企业利用信息技术，使得财务会计可以更好地分析和处理大量数据和信息，所获得的信息和数据也更可靠和准确，由此可以帮助企业决策。传统管理模式为以财务报表为依据，了解现阶段企业的运营情况。而现在管理模式转变后，企业可对运营情况进行实时掌握。因此，应用信息技术，财务会计间的沟通更加快捷、高效，财务会计与企业领导间也可有效沟通，并对会计报表可实时编制，提供全面、准确的数据，以避免数据丢失情况出现。同时，利用信息技术可促进财务会计工作效率的提升，由于在网络经济时代，大量增加了经济活动，不断增加的数据信息亟待处理，如果财务会计再应用传统的工作方式，已经无法完成工作，而利用信息技术和网络技术，可构建财务系统，统计财务信息，利用互联网，财务会计的工作量大大减少，使得工作从量化转变为质化，进而实现飞跃 [1]。

网络经济时代财务会计管理面临的挑战。互联网作为网络经济的核心，财务会计管理信息化的实现有赖于互联网与计算机的融合，网络经济在为财务会计管理带来机遇的同时，也同样使得财务会计管理面临着挑战。主要体现在以下方面：

财务会计管理实现信息化，导致数据信息无法绝对保密，因此，企业需要不断完善保密工作。很多企业由于没有认识到信息保密工作的重要性，使得很多重要信息发生泄露的情况。在计算机中保存财务信息，财务会计一旦操作不当或者业务不熟练，抑或黑客或病毒对计算机进行攻击，会遗失或破坏财务信息，很多财务会计人员也缺乏安全意识，没有妥善保管重要财务信息，由此增加了财务风险，使得信息可能被删除或篡改。

财务会计管理方面的法律法规呈现不完善的情况，互联网技术在近年来发展迅速，各种功能引擎不断增多，比如：编辑软件、计算软件、杀毒软件、搜索软件等，其在丰富了网络世界的同时，也增加了更多的不确定性和复杂性 [2]。在网络经济时代背景下，网络信息具有广泛的来源，具有较强的不确定性，同时要鉴别信息准确性，寻找信息来源。但是，针对网络管理的相关法规、法律却缺少，网络安全也没有相关条例明确界定。财务会计管理在网络经济下，法规、法律也呈现不完善的情况，网络财务会计制度不够确切和统一，在网络经济时代，促进了财务会计管理网络化，也开发出很多财务会计软件，并广泛应用于财务会计中，其促进了财务管理工作效果的提升。国家虽然对财务软件应用和开发进行严格管控，然而，管理标准却并不统一，也并不明确，使得市场上仍存在低质量软件，其干扰了财务会计的核算工作。

有关网络安全的法规、法律也缺乏，网络经济时代的开始，就面临着网络安全，黑客、病毒、木马、盗版软件均对网络安全造成严重危害，然而，因为网络技术具有复杂性

和限制性，造成没有充分重视以上行为，网络风险的存在为企业财务会计留下了隐患，一旦发生数据破坏或丢失，会导致企业很大损失产生。财务会计传统管理方式为加工处理信息数据，对支出进行统计，并且分析信息处理，同时参与决策，利用逻辑思维和数据核算能力作为参考，使得数据信息更为清晰化。在信息化背景下，改变了财务会计管理模式，为跟随时代步伐，财务信息也呈现全球化、准确化、实时化、共享化，而在财务会计管理中，会计作为中坚力量，主要工作为发布、传递、获取信息，作为会计不但要具备较强的数学运算能力，也需要掌握网络技术，在工作中应用网络和计算机，同时，也需要注意计算机的防护和安全，以防止安全隐患对财务信息造成损害。

二、信息化背景下提升财务会计管理水平的对策

促进网络法规、法律不断完善。经济时代以网络为工具，发挥着重要的作用，网络也融入人们生活和工作中，如今，在人们生活中网络已然成为必需品。若想实现网络安全，必须以法规、法律为依据，法律法规必须明确、详尽，才能保证网络安全。针对网络，政府应立法，颁布法律法规。因为网络发展较快，具有广泛的范围，犯罪很容易滋生，为防止盗取或泄露信息的发生，国家应颁布相关法规、法律，网络交易方面也要有法律、法规出台得以保证交易安全。不断完善《会计法》。企业也需要设立监督和维护网络安全的部门，实时监控网络安全；并且要加大宣传，让人们自觉遵守有关的网络法律法规，共同维护网络经济时代的安全。

保障网络安全。在日常生活中，网络作为生活的必备，让人们享受到了愉悦和便捷，网络作为一把双刃剑，安全隐患也必然存在。生活中频频发生网络危险事件，比如：隐私泄露、黑客入侵、网络诈骗等，对人们的隐私权造成了侵犯，对人们的利益也造成了严重威胁，因此，必须保障网络安全。尤其是在财务会计管理中，网络安全更要得以保障。在会计软件的选择和应用方面要注意，应用正版软件，软件必须来自正规途径，从而尽量减少风险的入侵；将杀毒软件安装在计算机上，避免病毒入侵计算机，对病毒进行及时查杀，养成良好的杀毒习惯，以有效保护计算机的安全；对电脑进行定期维修，保证软件和硬件安全，将防范工作提前做好；对防火墙进行充分利用，查杀和监管病毒，以保护计算机的安全。

加强对财务会计软件和系统的升级与开发。网络经济的不断进步和发展，促使网络技术的发展也越来越快。因此，财务会计管理要紧跟时代步伐，对新的软件和系统进行开发和应用，以保证分类更为专业，操作设计更为便捷。专业不同的财务会计软件也应有所区别，保证操作更为高效，促进工作效率提升，并且促进工作效益提升。

促进财务会计人员综合素质的提高。在网络经济时代背景下，市场竞争极为激烈，财务会计管理水平的提升前提是财务会计必须具备较强的综合素质和专业能力，以促进其业务水平和专业能力的提升，对新知识要不断学习，与实践相结合，不断进步和发展；另

外，财务会计也要充分掌握网络技术，可以熟练操作，促进工作效率的提升，保证其工作效益，以此，与时俱进，提升人才竞争力；作为财务会计人员要提升安全防范意识，保证工作的严谨性，做好防范和监督工作，注意财务安全，促进财务会计综合素质的提升，以适应网络经济时代的发展

强化企业内部管理。企业要不断完善内部财务会计管理制度，规范财务会计行为，以便提升数据信息处理的准确性和完整性，以此对管理者进行协助，保证经济决策更为精准。财务会计管理要伴随企业的不断发展而不断更新，建立健全企业内部管理制度，实时管理和监督财务工作，规范处理财务，利用绩效考核、责任制做好财务会计管理工作，薪资与工作能力挂钩，促进财务会计工作积极性的提升。

在网络经济时代，财务会计管理转变了管理的重心和目标，财务会计管理及时抓住时代赋予的机遇，同时，面对时代的挑战，不断优化管理系统，使得财务会计管理向国际化和标准化方向发展。为紧跟时代步伐，要充分利用网络技术，对财务会计管理水平进行不断优化，但是，针对财务会计管理中的不足，要制定和完善法律法规，提升安全防范意识，确保网络安全，促进财务会计综合素质和专业能力的提升，使财务会计管理合理化、科学化，提升管理水平。

第三节 信息化背景下的会计管理工作

目前在各个行业中互联网的融入推动了网络经济时代的发展，因此在财务会计管理工作中需要充分的掌握网络经济时代的发展趋势及其为财务会计管理工作所带来的变化，这样才能在相关管理工作中对网络技术进行科学的运用，以此来提升财务会计管理工作的质量及效率。为此在实际中则需要对以往财务会计管理工作的特征及网络经济时代的要求进行分析，在此基础上研究如何通过采取适当的措施来进一步的加强财务会计管理工作。

在信息化背景下需要重视财务会计管理工作的信息化发展，通过对会计信息系统的应用来提升管理工作的标准化、规范化水平，并且在信息技术的支持下还可以使财务管理工作的各项程序及内容得到细化，从而推动财务管理工作的精细化、系统化发展。本节分析了在信息化背景下其为财务会计管理工作所带来的转变，结合实际研究了现今财务管理工作中存有的不足，并针对这些不足提出了几点可以在实际中采用的应对措施。

一、信息化背景下会计管理工作的转变分析

财务会计管理信息的转变。在网络技术、信息技术、计算机技术的支持下使企业内部财务信息可以更加高效、便捷的进行传递，这也促使会计信息向着实时更新的方向转变。企业财务会计管理部门利用信息技术来对各个部门所产生的财务信息进行快速的收集及整

理，并且在财务会计管理中通过专用程序可以快速的进行数据反应，其高敏感度的信息反应能力可以及时的对会计信息进行整合，从而为管理层提供实时、有效、完整的会计信息。财务会计管理信息的实时更新发展也符合现今网络经济时代瞬息万变的特征，从而满足企业在发展过程中对会计信息的需求。

财务会计管理重心的转变。在信息化背景下信息数据的重要性也愈发明显，在网络环境中其数据的存储需要依托于网络技术、信息技术，并且对这些数据需要经由计算机来进行处理，目前在多数企业中财务信息也逐步完成了电子化数据化的处理，因此在财务会计管理工作中其重心也在逐渐发生转移。尤其是在现代企业发展过程中无形资产所受关注不断的加深，在会计管理工作开展的过程中逐渐向着信息化的方向发展，根据财务会计管理工作的发展情况来看其逐渐由传统核算方式向着信息化核算方式转变，这也在一定程度上反映出了目前财务会计管理工作中其重心的转变。

对财务会计管理人员要求的转变。网络经济时代要求财会工作人员必须要具备优秀的专业素质能力，这样才面对工作中的各项需求，因此财务会计管理人员需要不断学习、不断进步，促进自身的专业素养的提升，使自身综合素质能力得到加强。

二、信息化背景下加强会计管理工作的措施分析

完善财务会计管理制度。网络经济时代为财务会计管理与工作所带来的转变使以往管理制度内容存有的局限性逐渐显露出来，尤其是在网络经济这一模块中传统管理制度存有许多的不足。因此需要结合网络经济的特征及企业发展战略目标来对管理制度进行补充及完善，使管理制度内容可以覆盖到财务会计管理工作的各个环节中，以此来对管理工作的实行进行有效的指导，以制度为基础来提升财务会计管理工作的执行力度。

加强对信息安全技术的应用。想要确保数据模式财务会计信息的安全和网络传输安全，就必须在技术层面上提高对财务会计信息数据的管理与控制力度。首先，企业要不断完善财务会计的硬件体系，确保财务会计信息储存介质和处理设备（计算机）的绝对安全，避免数据存储中由于设备故障导致数据丢失。其次，要提高数据输入控制工作质量，确保财务会计信息由专门的人员录入，并通过可靠的管理和监督体制，确保录入信息的准确性、真实性和完整性。再次，要采取可靠的数据安全处理措施，通过运用输出审核处理；数据有效件检验；通过重运算、逆运算法、溢出检查等进行处理有效性检测；错误纠正控制；余额核对；算平衡等实现对数据处理环节的有效控制，确保数据的安全性和可靠性。最后，要做好数据输出控制，通过输出记录监管、输出文件报告和签章制度、输出加密制度、输出权限制度等，确保信息传输的安全性和保密性，有效地防止不法分子窃取和篡改信息。

加强对财会人才的培养。网络经济背景下的财务会计管理工作与传统财会管理工作有极大区别，为了确保网络时代背景下财务会计管理能够提高企业财会管理水平，就必须确

保财务会计人才能够同时具有财务会计专业技术、信息技术、网络安全技术等关键技术，并具有更好的职业素养和信息安全意识。为了确保网络财务会计管理体系的发展，企业就必须加大人才引进和培养力度，创建更加先进和优秀的现代化财务会计管理团队，以为企业的网络化财务会计管理改革打好基础。只有加强人才培养，才能满足企业在未来发展中对"高精专"优秀人才的迫切需求，才能有效的保证企业网络财务会计管理的安全性和有效性，使财务会计管理通过网络技术和信息技术的应用，成为促进企业发展的源动力。

加强会计信息系统的研发。企业财务管理信息系统是信息化背景下企业财务会计管理的基础平台，因此要结合实际技术运行机制，整合并研发新型应用软件，在落实相关管理机制和运行体系的过程中，要顺应市场发展的基本需求，确保应用软件的多元性以及有效性，保证专业领域管理机制和管控主体的相关项目贴合实际需求。只有维护软件的实时性，才能为后续工作的全面落实奠定坚实基础。需要注意的是，在软件研发项目中，相关技术结构要贴合企业的实际需求和运行结构，保证软件的实效性和完整程度更加具有时代优势。

网络经济时代对现代企业的发展产生了极大的影响，而这也使企业财务会计管理工作的目标产生了相应的变化，并且在信息技术、网络技术的支持下推动了财务会计管理流程的改革，这也使相关管理工作向着标准、现代化的方向发展。网络经济时代为财务管理工作所带来的转变使其面对更多的挑战，因此需要重视网络经济的作用，合理的对网络经济进行利用来提进一步提升财务会计管理工作的实行水平。

第四节　信息化背景下的会计管理方法

网络经济时代的到来，推进了企业网络信息化建设的进程，信息应用与传播技术的不断加快促使经济发展的速度也随之增加。在企业发展当中财务会计管理是非常重要的管理环节，在网络经济时代背景下财务会计管理也需要顺应时代变化，利用网络信息技术构建财会管理系统各平台，以提高企业财会管理水平。但是当今财务会计管理当中还存在各种各样的问题，需要进一步对财务会计管理方法进行优化。本节对信息化背景下财务会计管理的相关内容进行了探究。

现代网络技术不断的进化与发展，使其逐渐在各个领域展开了广泛的应用。各企业网络信息建设也逐渐完善与成熟，促使企业的各项工作质量与效率得到大幅度的提升，市场经济发展逐渐形成了全面依靠网络技术来经营运行的模式，可以说网络经济时代已经到来。在企业发展当中财务会计管理是非常重要的管理环节，在网络经济时代的背景下财务会计管理也需要顺应时代变化，利用网络信息技术构建财会管理系统各平台，以提高企业财会管理水平。

一、信息化背景下会计管理的影响

经过多年的发展，可以发现人们的生活因为网络技术的应用而产生了巨大的变化，短短数年网络技术就全面覆盖了经济发展的各个领域，各个行业都已经进入信息化、网络化的构建时代，经济发展依赖于网络技术后使得发展的速度飙升，各项工作、交流、信息共享、数据处理等等内容都因应用网络技术而使运行的效果得到非常明显的提升。

而网络经济时代的到来对财务会计管理工作的影响也是比较大的，利用专业的数据处理技术使财务数据的整理、核算更加高效，尤其是利用核算技术有效提高了会计数据核算的精准性，简化了财务会计核算的流程，减轻了财务会计核算人员的工作量。同时财务管理人员的专业素养与财务会计管理的方式都得到了优化，而高标准高质量的财务会计核算对于企业来说是市场发展的优势所在，对企业竞争力的提升有重要的作用。

二、信息化背景下会计管理中有待完善的内容

企业财务会计管理规范制度有待完善。在网络经济时代背景下，企业财务会计管理工作也充分的应用了现代计算机技术，相关的财务会计信息化建设逐渐完善，但在实际的运行过程中，一些细致性的制度规范还没有完全的制定和落实：一方面，财务管理的网络技术应用也是有很多的法律权限的，在实际应用时需要根据其相关权限规定进行使用，但是部分企业没有就这一内容进行严格的规定，这就导致企业财务会计管理人员会超出使用界限开展工作，容易引起很多的问题，财务管理工作的有序性无法保证。另一方面，管理工作制度具有片面性，一些具体的财务会计管理内容没有明确的规范规定，这对于管理工作质量与效率影响是非常大的。

财务会计管理信息系统安全隐患较多。网络信息技术的应用为财务管理质量与效率带来诸多益处的同时也带来了了一定的弊端，网络技术发展的过程中信息系统安全的问题一直都是研究的重点问题，虽然信息安全防护技术不断的进行优化，但是也无法达到完全安全的状态。而就财务会计管理工作而言，数据信息的安全性是非常重要的，如果财务数据信息泄露将有可能使企业出现巨大的经济损失，造成财务风险，而目前财务会计管理信息系统的安全隐患是比较多的：计算机设备、系统软件等都存在漏洞，如果漏洞产生作用会影响系统运行；网络系统在受到恶意攻击时，无法有效的进行安全防护；工作人员职业道德如果缺失，可以从内部直接将财务会计数据进行窃取，这也是财务安全隐患之一。

财务会计管理应用的网络信息技术水平偏低。在财务会计管理当中，虽然网络信息设备逐渐完善，但是现代网络信息技术发展的速度较快，系统、技术更新的速度比较快，但是企业财务会计管理技术更新的速度是比较慢的，这样的差距之下财务会计管理的网络技术、系统的水平就与现代最新的网络技术水平相差较远。而且企业财务会计管理应用的计

算机设备的系统版本也是不一致的，这样财务会计核算的方式和相关数据报告模板的格式也就不同，这加大了财务会计统一管理的难度。另外网络系统技术水平低、系统版本不一致这些也影响了财务管理会计人员的技术能力发挥，工作人员熟悉各自应用设备的使用技术后对其它的设备操作技术应用方式就会不习惯，导致财务管理水平不高。

三、信息化背景下会计管理方法研究

将网络信息化财务会计管理的相关制度与规范进行完善。现代网络信息技术应用使财务会计管理的效率提升，但是财务会计管理网络技术的有效运行同样需要依靠相关制度的规范，因而要将网络信息化财务管理的制度进行完善。网络信息技术的应用重点问题是系统的运行安全问题，近些年利用网络技术进行信息窃取的违法行为频繁发生，如果发生在企业财务会计管理过程后果是非常严重的。企业要根据我国网络信息相关法律法规指导，结合财务会计相关法规进行制度的制定，对财务会计网络技术应用规范进行说明，以保证财务会计网络运用的合理性和合法性，从而利用规范制度约束财务会计管理行为，提高财务管理的有序性和规范性。

强化财务会计管理网络安全措施。在计算机网络运行机制中，计算机技术为人们的生产生活带来了较大的便利，由于计算机技术项目自身的结构特征，因此会存在部分安全隐患。针对计算机设备和网路系统当中存在的安全隐患，企业要强化网络安全防护的措施，而要想从根本上提升网络运行效果，就要整合相关策略确保隐患问题得以全面处理。一方面，要对软件进行保障处理，尤其是涉及计算机文件的相关软件，要秉持使用正版的理念，确保管理效果和实际应用体系的完整性贴合实际需求。另一方面，则要及时安装相关查杀病毒软件，及时对下载文件进行处理和分析。技术人员要定期对软件进行整合和分析，保证病毒隔离效果，确保管理项目和运行体系的完整性贴合实际需求。

加大网络技术研发力度，优化网络技术运行效果。现代网络技术应用的过程中，企业也要进行不断的优化，不要满于现状使财务会计管理的网络技术水平停滞不前。因而企业要加大网络技术研发的力度，第一步要掌握现代网络经济市场的发展特点和实际情况，第二步结合企业财务会计管理的特点和需求，研发属于企业自身的财务会计管理网络技术，构建具有企业特色的财务会计管理系统和软件。在进行网络技术研发的过程中，要任用具有专业计算机技术的人才进行，同时要在企业财务会计管理机制与规范的指导下，保证研发的技术或软件在进行应用时能够更好的适用，从而促进企业财务会计管理能够为企业的发展提供助力。另外对于本企业的技术研发，要保证核心技术的安全，需要相关技术人员签订保密协议，如若泄露需要负相应的法律责任。

要注重财务会计网络技术人才的培养。在网络经济时代当中，财务会计管理人员需要同时掌握现代财务会计管理专业知识和网络信息技术的专业内容，因而企业要注重对管理工作人员专业素养和业务能力的培养。首先，要对财务会计管理人员的技术进行培训，掌握网络经济时代当中最新的财务管理理念与网络技术应用方法，以提高企业财务会计管理运行的质量与效率。其次，要提升财务会计管理人员的职业道德素养，学习现代有关于网络规范的法律法规和财务会计相关的法律法规，明确违法行为需要付出的代价，使财务会计管理人员能够恪守职业道德，避免因内部管理人员因素造成企业财务风险，从而促使企业财务会计管理工作在网络经济时代的背景下能够安全、稳定的运行，更好的适应现代网络经济发展的环境。

在网络经济时代背景下，企业要全面了解企业财务会计管理项目的实际价值，整合保障措施的同时建构更加有效的管理模型，提升专业化水平以实现科学化财务管理目标。还要强化财务会计管理网络安全措施，加大网络技术研发力度，优化网络技术运行效果，培养更多的综合型财务会计管理人才，从而为企业可持续发展奠定坚实基础。

第五节　信息化背景下会计的特点及管理

随着社会经济的快速发展，已经全面进入网络信息时代，网络技术的发展，给财务会计带来了新的革新与机遇，但是，随之而来的也有不少的问题，因此，本节笔者就网络经济条件下所存在的财务会计问题进行分析，并对此提出一些有效对策，拟促进财务会计在网络经济条件下越走越远。

当前，我们经常听到一个全新字眼即"网络经济"，伴随网络经济的出现，一些同类新名词不断出现，目不暇接，如网络时代基础教育、网络化的企业设计等等，这些都证明了一个问题，那就是人类文明已进入到网络经济的时代。那么何为网络经济时代呢？它是以计算机网络尤其是互联网为载体的一种经济形态，同时也是以信息技术和互联网技术武装的一种传统经济交流模式，对传统企业具有深刻影响。从狭义方面来看，网络经济实际上是从经济角度对将来社会进行的一种描述，它不仅可以降低成本，而且还能扩展空间及时间上的选择范围。打破了传统的地域及时空的限制，实现了消费者与生产者的即时互动，实质上是对经济的一种社会化，它同传统的工业经济、农业经济有本质上的区别。作为一门科学，会计的实务与理论都是以一定社会经济环境为基础的。

一、信息化背景下会计的特点

会计信息系统更加完整。在互联网时代下，企业的投资者和债权人能够更加清楚地看到企业的各种会计信息，也能在一定权限内查询企业经营管理状况，还可以结合企业所提供的相关信息在互联网上整合归纳，分析出自己想了解的信息，也能随时掌握企业的认识变动、销售业务等具体情况，充分的掌握企业现在和未来的发展方向，客观的分析和预测企业的投资价值和经济效益。

会计信息系统更及时迅捷。随着网络经济的逐步发展，会计核算已经由过去的静态核算变成动态化的即时核算模式，网络财务系统可以及时快捷的显示出企业生产管理的情况、资金的流向和收支等各种细节，过去的月报、季报和年度报表将被即时的动态财务分析报告所取代，企业财务信息的管理者可以通过网络掌握过去和现今企业的详细会计信息，也能随时随地的检查分析财务报表，综合的对企业发展做出评定。

有机如何了会计信息和其他信息程序。互联网打破了时间空间的限制，极大的提高的信息处理的速度和效率，可以全面的分析各类经济信息。所以过去固定单一的会计信息系统已经逐步淘汰，而发展成为科学的综合化信息管理系统，组成了良性循环的会计信息处理系统，并能充分结合其他相关信息，构成全面的企业信息分析平台。

二、信息化背景下会计的发展趋势

计算机作为对信息处理最为快捷有效的工具，它在会计领域中的运用，使会计信息处理了有质的飞跃，为会计信息提供了最大限度的、全方位的信息支持。

会计电算化。会计电算化是一种会计技术，它对会计是一种创新，通过计算机实现会计计算机电子化，通过计算机可以实现会计工作的无纸化，对复杂的会计工作可以利用电子计算机快速便捷有效的工作。

会计网络化。随着网络经济的发展，越来越多的企业实现了会计网络化。原始数据通过网络从企业各个管理子系统直接采集，从凭证到报表的全过程人工干预大大减少。数据处理、加工速度成千上万倍提高，不同人员、部门之间数据处理、加工的相互合作使信息共享不再受到空间范围的局限。通过会计体系与业务处理及管理控制系统的密切结合，实现了对基本业务的实时财务会计控制。企业还可以在管理人员的参与下，由电子计算机来完成决策选优过程。

网络会计。随着网络的迅猛发展，给财务会计的环境带来了全新的变化，在这样的背景下，网络会计便应运而生。网络会计和网上银行的出现，能够使企业财务人员足不出户就能够进行报账、查账、付款等会计活动。此外，网络会计实现了在线财务控制和实时动态会计核算。特别是通过运用电子单据、电子货币，十分有利于获取财务信息，从而改善财务信息的有效利用。

三、信息化背景下增强会计管理的有效途径

全面提升财会人员的素质。现代信息技术，帮助企业实现了企业会计信息化、建立了科学的管理信息系统。除此之外，类似大型数据库的现代技术，也实现了跨年度查询，且还能整合采购、销售、库存等方面的信息为决策提供数据支持。当前，随着网络化程度的不断提高，不仅要求会计从业人员能进行计算机的操作，而且还要求工作者能灵活处理面

临的各类问题。因此，大力培养一批具有现代会计知识及掌握信息技术的复合型人才的要求日益紧迫，我们必须以会计为基础，不断培养综合性人才，全面提升财会人员的综合素质。

全面增强财务会计的安全性能。财务管理部门首要考虑的问题就是如何提升企业的财务会计安全防范机制，要建立健全财产保护机制去确保资产的安全和会计信息的真实有效，避免因为企业内部工作人员漏洞、系统缺陷和电脑病毒带来的损失，要规范日常管理的制度，加强对企业职工、计算机软硬件的控制管理，还有文档资料、操作系统的完善，积极防治电脑病毒和木马，营造一个安全健康的财务会计环境。

科学构建企业会计核算流程。科学的财务业务流程要以客户的需求和企业发展的目标为中心，通过企业良好的运行，全面发挥信息技术和人力资源的优势，大力提升企业的经营管理效率和整体业绩；善于运用信息资源科学构建企业会计的核算流程，将其当作企业会计流程中的主要组成部分，彻底转变企业落后的管理模式，朝着现代化的经营管理模式发展。

建立健全法律法规，完善配套措施。为了给网络经济条件下的财务会计提供一个更加健康和宽松的社会发展环境，应进一步建立和完善相关的法律法规。如电子商务法规，对网上交易的购销活动、支付行为等加以规范，制定网络会计信息管理、财务报告披露的法规法则等，对网上披露的责任与义务、会计信息质量标准要求、监管机构及权责等进行具体规定。

综上所述，随着网络经济进程不断的推进，财务会计的管理目标和职能也有了很多新变化，在互联网的帮助下财务会计信息实现了即时报告，也逐步构建起科学的信息系统，传统的财务会计工作模式已经不能适应时代的需求，财务会计人力资源的调配也有了一定调整，逐渐朝着规范化、国际化的道路发展，企业的工作效率也有了很大的提升。网络经济给公众的经济生活带来了很大影响，但也要清楚的认识到目前的财务会计中还存在很多问题，要积极优化改革不足之处，促进财务会计管理工作走上可持续发展的道路。

参考文献

[1] 长青，吴林飞，孔令辉，崔玉英. 企业精益财务管理模式研究——以神东煤炭集团财务管理为例 [J]. 管理案例研究与评论，2014，7（2）：162-172.

[2] 段世芳. 新会计制度下财务管理模式探讨 [J]. 企业经济，2013，32（3）：181-184.

[3] 邓瑜. 制造型企业财务内控管理中存在的常见问题与解决措施 [J]. 企业改革与管理，2017，11（17）：182+206.

[4] 梁银婉. 商业银行财务会计内控管理中存在的问题与优化 [J]. 时代金融，2017，27（20）：126.

[5] 朱莉. 制造型企业财务内控管理中存在的常见问题与解决措施 [J]. 企业改革与管理，2017，15（11）：134-136.

[6] 杨寅涵. 浅析商业银行财务会计内控管理中存在的问题与对策 [J]. 纳税，2017，28（16）：60.

[7] 孙丹丹. 内控制度在行政事业单位财务管理中的具体应用 [J]. 财经界（学术版），2017，24（05）：87-88.

[8] 崔慧婷. 论医院财务管理中的会计审核及内控制度 [J]. 财经界（学术版），2016，11（12）：230.

[9] 帅毅. 基于责任中心管理的高校财务管理体系探索 [J]. 财务与会计，2016，15（21）：59-60.

[10] 呼婷婷. 基于 Web 的高校财务管理信息系统报表设计与研究 [J]. 电子设计工程，2017，25（10）：41-43.

[11] 刘充. 我国高校财务管理制度研究述评——基于 CJFD（2006-2015）的文献计量分析 [J]. 教育财会研究，2017，28（3）：12-16.

[12] 吴俊文，段茹楠，张迎华. 高校校院两级财务管理体制改革理论基础探析 [J]. 会计之友，2017，21（8）：113-117.

[13] 李小红，王杰斌. 广西区内外高校财务管理比较及启示 [J]. 教育财会研究，2016，27（4）：17-25.

[14] 梁勇，干胜道. 高校财务管理新思考：构建财务服务创新体系 [J]. 教育财会研究，2017，28（1）：10-16.

［15］张清林. 提高全面预算管理水平加强医院财务内部控制的对策研究［J］. 财经界（学术版），2015，1（36）：276-276.

［16］魏晋才，池文瑛，许东晨等. 取消药品加成后公立医院内部运行机制变革与绩效改进［J］. 中华医院管理杂志，2017，33（2）：98-101.

［17］王本燕. 规范退费流程强化门诊住院收入管理［J］. 现代医院，2016，16（9）：1375-1377.

［18］余芳. 会计信息化对企业财务管理的影响分析及对策探究［J］. 全国商情，2016，24（23）：35-36.

［19］常洪瑜. 会计信息化对企业财务管理的影响及对应策略分析［J］. 时代金融，2016，24（12）：154-161.

［20］王巍. 中国并购报告2006［M］. 北京：中国邮电出版社，2006.

［21］哈特维尔·亨利三世. 企业并购和国际会计［M］. 北京：北京大学出版社，2005.

［22］财政部会计资格评价中心. 中级财务管理［M］. 北京：经济科学出版社，2017.

［23］上海国家会计学院. 价值管理［M］. 北京：经济科学出版社，2011.

［24］宋健业. EMBA前沿管理方法权变管理［M］. 北京：中国言实出版社，2003.

［25］本节代，侯书森. 权变管理［M］. 北京：石油大学出版，1999.